DISCORSO SUL METODO

CARTESIO (RENÉ DESCARTES)

Copyright © 2019 All rights reserved.
Quest'opera è tutelata dalla Legge sul diritto d'autore.
Ogni riproduzione, anche parziale, è reato perseguito.

INDICE

PREFAZIONE DELL'AUTORE 4

I. CONSIDERAZIONI SULLE SCIENZE 5

II. LE PRINCIPALI REGOLE DEL METODO 12

III. QUALCHE REGOLA DELLA MORALE TRATTA DAL METODO 21

IV. LE PROVE DELL'ESISTENZA DI DIO E DELL'ANIMA UMANA, OSSIA I FONDAMENTI DELLA METAFISICA 28

V. QUESTIONI DI FISICA 35

VI. LE COSE RICHIESTE PER ANDARE PIÙ AVANTI NELLO STUDIO DELLA NATURA 49

PREFAZIONE DELL'AUTORE

Se questo discorso sembra troppo lungo per essere letto tutto in una volta, lo si potrà dividere in sei parti. E si troveranno, nella prima, diverse considerazioni sulle scienze.
Nella seconda, le principali regole del metodo che l'autore ha cercato.
Nella terza, qualche regola della morale ch'egli ha tratto da questo metodo.
Nella quarta, gli argomenti con i quali prova l'esistenza di Dio e dell'anima dell'uomo, che sono i fondamenti della sua metafisica.
Nella quinta, la serie delle questioni di fisica che ha esaminato, in particolare la spiegazione del movimento del cuore e di qualche altra difficoltà della medicina e, ancora, la differenza tra l'anima nostra e quella dei bruti.
Nell'ultima, le cose ch'egli crede siano richieste per andare avanti nello studio della natura più di quanto si è fatto, e i motivi che lo hanno indotto a scrivere.

I. CONSIDERAZIONI SULLE SCIENZE

Il buon senso è fra le cose del mondo quella più equamente distribuita, giacché ognuno pensa di esserne così ben dotato, che perfino quelli che sono più difficili da soddisfare riguardo a ogni altro bene non sogliono desiderarne più di quanto ne abbiano. E in questo non è verosimile che tutti si sbaglino; è la prova, piuttosto, che il potere di ben giudicare e di distinguere il vero dal falso, che è propriamente quel che si dice buon senso o ragione, è per natura uguale in tutti gli uomini; e quindi che la diversità delle nostre opinioni non dipende dal fatto che alcuni siano più ragionevoli di altri, ma soltanto da questo, che facciamo andare i nostri pensieri per strade diverse e non prestiamo attenzione alle stesse cose. Perché non basta avere buono l'ingegno; la cosa principale è usarlo bene. Le anime più grandi come sono capaci delle maggiori virtù, così lo sono dei più grandi vizi; e quelli che camminano assai lentamente possono progredire molto di più, se seguono sempre la via diritta, di quelli che correndo se ne allontanano.

Quanto a me, non ho mai preteso che il mio ingegno fosse in qualcosa più perfetto di quello comune; anzi ho spesso desiderato di avere il pensiero così pronto, l'immaginazione così netta e distinta, la memoria così capace o anche così presente, com'è in altri. E non conosco altre qualità che servano a rendere perfetto l'ingegno; perché quanto alla ragione o discernimento, che è la sola cosa che ci rende uomini e ci distingue dai bruti, credo che essa sia tutta intera in ciascuno di noi, e intendo in questo seguire l'opinione comune degli scolastici, i quali affermano che il più e il meno è solo negli *accidenti*, non mai nelle *forme* o nature degli *individui* di una medesima specie.

Ma penso, e non esito a dirlo, di avere avuto molta fortuna per essermi ritrovato fin da giovane su una strada che mi ha condotto a riflessioni e massime da cui ho forgiato un metodo, col quale mi sembra di poter aumentare per gradi la mia conoscenza, e portarla a poco a poco al punto più alto che le consentono la mediocrità del mio ingegno e la breve durata della mia vita. Perché ne ho già raccolto frutti tali che sebbene cerchi, ogni volta che giudico me stesso, di piegare verso la diffidenza piuttosto che verso la presunzione, e sebbene, guardando con l'occhio del filosofo le diverse azioni e imprese degli uomini, non ne scorga quasi nessuna che mi sembri vana e inutile, pure continuo a trarre sempre il massimo piacere nel progresso che penso di avere già fatto nella ricerca della verità, e a concepire per l'avvenire speranze tali da osar credere che tra le occupazioni dell'uomo in quanto uomo ve ne è qualcuna davvero buona e importante, è proprio quella che ho scelto.

E tuttavia può darsi ch'io mi inganni, che scambi per oro e diamanti quello che non è altro, forse, che un po' di rame e di vetro. So quanto siamo facili a sbagliarci in ciò che ci riguarda, e come dobbiamo diffidare anche dei giudizi dei nostri amici, quando sono a nostro favore. Ma sarò ben lieto di mostrare in questo discorso quali strade ho seguìto e di raffigurarvi la mia vita come in un quadro, perché sia consentito a ognuno di giudicarne, e a me di acquistare, raccogliendo dalla voce della gente le opinioni che ne avrà, un nuovo mezzo di istruirmi, che aggiungerò a quelli di cui di solito mi servo.

Non intendo dunque insegnare qui il metodo che ciascuno deve seguire per ben giudicare la propria ragione, ma solo far vedere in che modo ho cercato di guidare la mia. Quelli che si prendono la briga di dare precetti debbono ritenersi più abili di coloro ai quali li danno; e se sbagliano nella più piccola cosa, vanno perciò biasimati. Ma siccome propongo questo scritto solo come una storia, o se preferite come una favola, nella quale, accanto ad alcuni esempi che si possono imitare, se ne troveranno forse anche molti altri che a ragione non verranno seguiti, spero che riuscirà utile ad alcuni senza essere di danno a nessuno, e che tutti saranno soddisfatti della mia franchezza.

Sono stato nutrito fin dall'infanzia di studi letterari, e

poiché mi si faceva credere che per mezzo di essi si potesse acquistare una conoscenza chiara e salda di tutto ciò che è utile alla vita, ero oltremodo desideroso di apprendere. Ma appena compiuto l'intero corso di studi al termine del quale si suole essere accolti nel rango dei dotti, cambiai del tutto opinione. Perché mi ritrovai impacciato da tanti dubbi ed errori che mi sembrava di non aver ricavato altro profitto, cercando di istruirmi, se non di avere scoperto sempre di più la mia ignoranza. Eppure stavo in una delle più celebri scuole d'Europa, dove pensavo dovessero trovarsi dei dotti, se mai ce n'erano in qualche parte della terra. Lì avevo imparato tutto quello che imparavano gli altri; e in più, non contento delle scienze che ci insegnavano, avevo scorso tutti i libri di quelle ritenute più curiose e più rare, che mi erano capitate tra le mani. Oltre a ciò, sapevo dei giudizi che gli altri davano di me; e constatavo di non essere considerato in nulla inferiore ai miei compagni, benché ve ne fossero alcuni già destinati ad occupare il posto dei nostri maestri. Infine, il nostro secolo mi sembrava fiorente e fertile di buoni ingegni quanto ogni altro secolo precedente. Tutto questo mi induceva a prendermi la libertà di giudicare da me tutti gli altri, e di pensare che non ci fosse al mondo scienza, quale all'inizio me l'avevano fatta sperare.

Non avevo tuttavia smesso di stimare gli esercizi di cui ci si occupa nelle scuole. Riconoscevo che le lingue che vi si apprendono sono necessarie per l'intelligenza dei libri antichi; che la grazia delle favole sveglia l'ingegno, e che lo elevano le azioni memorabili delle storie, le quali, lette con prudenza, aiutano a formare il giudizio. Riconoscevo che la lettura dei buoni libri è come una conversazione con gli uomini più illustri dei secoli passati che ne furono gli autori, e per di più una conversazione studiata, in cui quelli ci palesano solo i loro migliori pensieri. Riconoscevo che l'eloquenza ha forza e bellezza incomparabili, e la poesia delicatezza e dolcezze che incantano; che nelle matematiche ci sono invenzioni assai sottili, che possono ben servire sia a soddisfare i curiosi, sia a facilitare tutte le arti e alleviare il lavoro degli uomini. Riconoscevo che gli scritti che trattano dei costumi contengono parecchi utilissimi precetti ed esortazioni alla virtù; che la teologia ci insegna a guardare il cielo, e la filosofia il mezzo per parlare di tutto con verosimiglianza e farci ammirare da quelli che ne sanno di meno; che il diritto, la medicina e le altre scienze danno onori e ricchezze a chi li coltiva; infine, che è bene avere esaminato tutte queste scienze, anche le più cariche di pregiudizi o più false, per conoscerne il giusto valore e non lasciarsene ingannare.

Ma ritenevo di aver già dedicato un tempo sufficiente alle lingue e anche alla lettura dei libri antichi, alle loro storie e alle loro favole. Perché a conversare con gli uomini del passato accade quasi lo stesso che col viaggiare. È bene conoscere qualcosa dei costumi di altri popoli, per poter giudicare dei nostri più saggiamente, e non pensare che tutto ciò che è contrario alle nostre usanze sia ridicolo e irragionevole, come fanno di solito quelli che non hanno visto nulla. Ma quando si spende molto tempo nei viaggi, si diventa alla fine stranieri in casa propria; e quando si è troppo curiosi delle cose del passato, si rimane di solito assai ignoranti di quelle del presente. Senza contare che le favole ci fanno immaginare come possibili molti fatti che non lo sono per nulla; e che anche le storie più fedeli, se non alterano né accrescono il valore delle cose per renderle più degne di essere lette, perlomeno ne omettono quasi sempre le circostanze più basse o meno nobili: così quel che rimane appare diverso da quello che è, e chi vuol regolare i propri costumi sugli esempi che ne trae, rischia di cadere nelle stravaganze degli eroi dei nostri romanzi, e di concepire disegni che vanno al di là delle sue forze.

Avevo grande stima dell'eloquenza, ed ero innamorato della poesia; ma pensavo che l'una e l'altra fossero doni dell'ingegno, piuttosto che frutto dello studio. Chi ha il raziocinio più robusto e sa mettere meglio in ordine i propri pensieri per renderli più chiari e intelligibili, può sempre, meglio di tutti, imporre le sue tesi, anche se parla soltanto il basso bretone e non ha mai imparato la retorica.

E quelli che son capaci delle invenzioni più piacevoli, e sanno esprimerle con maggior ornamento e dolcezza, continuano a essere i migliori poeti, anche se ignorano l'arte poetica.

Mi piacevano soprattutto le matematiche, per la certezza e l'evidenza delle loro ragioni; ma non ne avevo ancora riconosciuto il vero uso e, pensando che servissero solo alle arti meccaniche, mi stupivo del fatto che, pur essendo le loro fondamenta così sicure e solide, su di esse non si fosse costruito nulla di più alto. Come, al contrario, paragonavo gli scritti di morale degli antichi pagani a palazzi molto superbi e magnifici, ma costruiti sulla sabbia e sul fango. Innalzano al cielo le virtù, e le fanno apparire stimabili al di sopra di ogni altra cosa al mondo, ma non ce la fanno conoscere a sufficienza. Spesso quello che chiamano con un così bel nome non è altro che insensibilità, oppure orgoglio, o disperazione, o parricidio.

Riverivo la nostra teologia e aspiravo come chiunque altro a guadagnare il cielo; ma avendo appreso come cosa assai certa che questa strada è aperta ai più ignoranti come ai più dotti, e che le verità rivelate che ci conducono fino ad esso sono al di sopra della nostra intelligenza, non avrei mai osato sottoporle alla debolezza dei miei ragionamenti, e pensavo che per intraprenderne e condurre a termine l'esame era necessario ottenere una qualche straordinaria assistenza dal cielo ed essere più che uomo.

Non dirò nulla della filosofia, se non che, vedendola coltivata per molti secoli dagli ingegni più alti senza tuttavia che vi si trovi qualcosa che non sia oggetto di dispute e di cui perciò non si dubiti, non avevo tanta presunzione da sperare qui un successo migliore di quello ottenuto da altri; considerando poi quante diverse opinioni su uno stesso oggetto possono essere sostenute dai dotti, senza che ce ne possa essere mai più di una soltanto che sia vera, ritenevo quasi falso tutto ciò che era solo verosimile.

Per altre scienze poi, dal momento che traggono i loro princìpi dalla filosofia, giudicavo che non era possibile che si fosse costruito qualcosa di solido su fondamenta così instabili. E né l'onore, né i guadagni che promettono era sufficiente a impegnarmi in esse; giacché non ritenevo di essere, grazie a Dio, nella condizione di dover fare della scienza un mestiere, per migliorare la mia fortuna; e benché non professassi, come fanno i cinici, il disprezzo della gloria, pure stimavo assai poco quella che non stimavo di potere acquistare se non con falsi titoli. Infine, per quel che riguarda le scienze bugiarde, pensavo di conoscerne già abbastanza il valore per non correre il rischio di venir ingannato né dalle promesse di un alchimista, né dalle predizioni di un astrologo, né dalle imposture di un mago, né dalle frodi o vanterie di chi va dicendo di sapere più di quanto non sappia.

Per questo, non appena l'età mi liberò dalla tutela dei precettori, abbandonai del tutto lo studio delle lettere. E avendo deciso di non cercare altra scienza se non quella che potevo trovare in me stesso oppure nel gran libro del mondo, impiegai il resto della giovinezza a viaggiare, a visitare corti ed eserciti, a frequentare uomini di indole e condizioni diverse, a raccogliere varie esperienze, a mettere alla prova me stesso nei casi che il destino mi offriva, e a riflettere dappertutto sulle cose che mi si presentavano, in modo da trarne qualche profitto. Perché mi sembrava che avrei scoperto molta più verità nei ragionamenti che uno fa sugli affari che lo interessano, e il cui esito punisce ben presto chi ha mal giudicato, che in quelli dell'uomo di lettere, chiuso nel suo studio, immerso in speculazioni senza effetto, e che non hanno per lui altra conseguenza se non che ne trarrà forse una vanità tanto maggiore quanto più saranno distanti dal senso comune, perché in questo caso avrà dovuto impiegare più ingegno e più artifici per renderle verosimili. E avevo sempre un desiderio estremo di imparare a distinguere il vero dal falso, per veder chiaro nelle mie azioni e procedere con sicurezza in questa vita.

È vero che, dedicandomi interamente all'osservazione dei costumi altrui, non vi trovai niente che mi sembrasse sicuro; e che notai qui una varietà quasi pari a quella già vista nelle opinioni dei filosofi. Per cui il maggior profitto che ne traevo, vedendo parecchie cose che pur apparendoci molto stravaganti e ridicole vengono tuttavia comunemente accolte e approvate da altri grandi popoli, era quello di non credere con troppa sicurezza a tutto ciò di cui mi avevano convinto solo con l'esempio e con l'uso; così mi liberai a poco a poco di molti errori che possono oscurare il nostro lume naturale, e renderci meno capaci di intendere ragione. Ma dopo che ebbi così impiegato qualche anno nello studio del libro del mondo e nello sforzo di raccogliere varie esperienze, decisi un giorno di studiare anche in me stesso, e di applicare tutte le forze dell'ingegno a scegliere le strade che avrei dovuto seguire. E questo mi riuscì molto meglio, mi pare, che se non mi fossi mai allontanato né dal mio paese né dai miei libri.

II. LE PRINCIPALI REGOLE DEL METODO

Mi trovavo allora in Germania, richiamatovi dalle guerre ancora in corso; e tornando verso l'esercito dopo l'incoronazione dell'imperatore, l'inizio dell'inverno mi colse in una località dove, non trovando compagnia che mi distraesse, e non avendo d'altra parte, per mia fortuna, preoccupazioni o passioni che mi turbassero, restavo tutto il giorno solo, chiuso in una stanza accanto alla stufa, e qui avevo tutto l'agio di occuparmi dei miei pensieri. Tra questi uno dei primi fu che mi trovai a considerare come spesso nelle opere fatte di molti pezzi e da diversi artefici non ci sia quanta perfezione ce n'è in quelle a cui ha lavorato uno soltanto. Infatti gli edifici iniziati e terminati da un solo architetto sono di solito più belli e meglio costrutti di quelli che architetti diversi hanno cercato di adattare, servendosi di vecchi muri costruiti per altri scopi. Gli antichi abitati, ad esempio, che da semplici villaggi sono divenuti, col passare del tempo, grandi città, sono di solito così mal proporzionati a confronto degli spazi regolari disegnati in un piano da un ingegnere libero di eseguire la propria fantasia, che, sebbene accada spesso di trovare in qualcuno dei loro edifici, preso a sé, altrettanta o più arte di quanta ce ne sia in quegli altri, pure, osservando come sono disposti, qui uno grande là uno piccolo, e come rendono tortuose e irregolari le strade, si direbbe che così li abbia distribuiti il caso e non la volontà di uomini che adoperano la ragione. E se si considera che ci sono stati sempre dei magistrati incaricati di badare a che le costruzioni private rispondessero al decoro pubblico, ci si accorgerà che è assai difficile fare qualcosa di perfetto quando non si lavora se non su opere altrui. E così immaginai che popoli un tempo quasi selvaggi, e diventati civili a poco a poco, dandosi leggi man mano che lo richiedevano gli inconvenienti dei delitti e delle contese, non potrebbero mai essere tanto bene amministrati quanto quelli che fin dall'inizio hanno osservato le costituzioni di un prudente legislatore. Come è ben certo che l'ordinamento della vera religione, le cui leggi sono dovute a Dio soltanto, deve essere incomparabilmente migliore di ogni altro. E per parlare di cose umane, credo che Sparta sia stata a lungo così fiorente non per la bontà di ciascuna delle sue leggi in particolare, giacché molte erano assai strane, e persino contrarie ai buoni costumi; ma perché, uscite dalla mente di uno solo, tendevano tutte allo stesso fine. Pensai inoltre che le scienze racchiuse nei libri, almeno quelle fondate non su dimostrazioni ma su argomenti solo probabili, nate e accresciute a poco a poco dalle opinioni di molte persone diverse, non possono, proprio per ciò, avvicinarsi alla verità quanto i semplici ragionamenti di un uomo che, intorno alle cose che gli si presentano, fa uso del suo naturale buon senso. E pensai ancora che, dal momento che siamo stati tutti bambini prima di essere uomini, e costretti a lungo sotto il governo degli appetiti e dei precettori, ch'erano spesso contrari gli uni agli altri, e né gli uni né gli altri capaci forse di consigliarci sempre per il meglio, è pressoché impossibile che i nostri giudizi siano così puri e così saldi come sarebbe accaduto se fin dalla nascita avessimo avuto l'intero uso della ragione e fossimo stati guidati sempre e soltanto da essa.

È vero che non ci accade di veder abbattere tutte le case di una città, al solo scopo di rifarle in un'altra maniera, e di renderne le strade più belle; ma vediamo che molti fanno demolire le loro per ricostruirle, e che a volte anzi vi sono costretti, quando minacciano di cadere da sole e le fondamenta non sono ben salde. Con questo esempio mi persuasi che non sarebbe davvero ragionevole che un privato si proponesse di riformare uno Stato cambiandovi tutto dalle fondamenta, e rovesciandolo per rimetterlo in piedi; e neanche di riformare il corpo delle scienze, o l'ordine stabilito nelle scuole per insegnarle. Mi convinsi però che per le opinioni che avevo fino allora accettate non potevo fare di meglio che accettare una buona volta a eliminarle tutte, per metterne poi al loro posto altre migliori, o anche le stesse, una volta che le avessi rese conformi a ragione. E credetti fermamente che in questo modo sarei riuscito a condurre la mia vita molto meglio che se avessi costruito solo sulle antiche fondamenta, o mi fossi soltanto affidato ai princìpi dei quali mi ero lasciato convincere da giovane, senza averne mai accertata la verità. E sebbene notassi in questo diverse difficoltà, non erano tuttavia senza rimedio, né paragonabili a quelle in cui ci si imbatte quando si vuol riformare anche la più piccola cosa che riguarda la vita pubblica. È troppo difficile rialzare questi grandi corpi, quando sono abbattuti, o anche puntellarli, quando vacillano; e la loro caduta è necessariamente molto violenta. Quanto alle loro imperfezioni poi, se ne hanno (e basta la loro varietà a dimostrarlo), l'uso le ha senza dubbio molto attenuate, e ne ha anzi evitate o corrette insensibilmente tante, come meglio non avrebbe potuto fare la prudenza. Infine quelle imperfezioni sono quasi sempre più sopportabili di quanto lo sarebbe un cambiamento; come le grandi strade che si addentrano tra i monti diventano a poco a poco, a forza di essere battute, così compatte e comode, che è molto meglio seguirle, invece di cercare una via più diritta arrampicandosi sulle rocce o scendendo fino al fondo dei precipizi.

Per questo non potrei mai approvare gli umori turbolenti e inquieti di chi, non essendo chiamato né dalla nascita né dalla fortuna ad amministrare la cosa pubblica, pure continua sempre a inventare nella sua mente qualche nuova riforma. Se pensassi che c'è la minima cosa, in questo scritto, per cui potrei essere sospettato di questa follia, mi dovrei dispiacere molto di averne consentito la pubblicazione. Il mio proposito non è mai andato al di là del tentativo di riformare i miei pensieri e di costruire su un fondo che appartiene solo a me. Che se poi, essendomi assai piaciuta l'opera mia, ve ne mostro qui il modello, non è che con questo voglia indurre qualcuno a imitarlo. Coloro che Dio ha fatto più largamente partecipi dei suoi doni avranno forse progetti più alti; ma temo fortemente che già questo sia troppo ardito per molti. La sola decisione di disfarsi di tutte le opinioni accettate in precedenza non è un esempio che tutti debbono seguire; e si può dire che nel mondo ci sono soltanto due specie d'ingegni, a cui ciò non si conviene in nessun modo. In primo luogo coloro che, ritenendosi più capaci di quanto non sono, non possono trattenersi dal precipitare il loro giudizio, né hanno abbastanza pazienza per condurre ordinatamente tutti i loro pensieri; una volta che si fossero presa la libertà di dubitare dei princìpi ricevuti e di allontanarsi dalla strada comune, questi non potrebbero mai tornare sulla via più diritta e vagherebbero per tutta la vita, smarriti. In secondo luogo coloro che, avendo abbastanza giudizio o modestia per stimare di essere meno capaci di distinguere il vero dal falso che non altri, dai quali possono essere istruiti, debbono contentarsi di seguire le opinioni di questi ultimi piuttosto che cercarsene da sé di migliori.

Quanto a me, sarei stato senza dubbio tra i secondi, se non avessi avuto che un solo maestro, e avessi ignorato le differenze che vi sono state da sempre tra le opinioni dei più dotti. Ma avevo appreso, fin dal collegio, che non si può immaginare nulla di così strano e poco credibile che non sia stato detto da qualche filosofo; e mi ero poi accorto, viaggiando, che tutti quelli che la pensano in modo affatto diverso da noi non sono per questo né barbari né selvaggi, e che molti usano la ragione quanto o più di noi. Avevo anche considerato che lo stesso individuo, con il medesimo ingegno, educato fin dall'infanzia tra francesi o tedeschi diventa diverso da come sarebbe se fosse vissuto sempre tra cinesi o cannibali; e che perfino nella foggia dei nostri abiti la stessa cosa che ci è piaciuta dieci anni fa, e che forse ci piacerà di nuovo prima che ne passino altri dieci, ci sembra oggi stravagante e ridicola; e ritenevo pertanto che l'uso e l'esempio ci persuadono di più di ogni conoscenza certa, e che tuttavia il maggior numero degli assensi non è una prova che valga nel caso di verità difficili a scoprirsi, giacché è più probabile che ci sia riuscito uno solo piuttosto che un popolo intero. Non potendo dunque scegliere nessuno, le cui opinioni mi sembrassero preferibili a quelle di altri, mi trovai quasi costretto a cominciare a guidarmi da me.

Ma come fa un uomo che cammina da solo nelle tenebre, decisi di procedere così lentamente e di adoperare in ogni cosa tanta prudenza da evitare almeno di cadere, pur avanzando assai poco. Non volli neppure cominciare a respingere del tutto nessuna delle opinioni che potevano essersi già introdotte fra le mie convinzioni senza passare attraverso la ragione, se non avessi prima impiegato il tempo necessario a disegnare il piano dell'opera a cui mi accingevo, e a cercare il vero metodo per arrivare a conoscere tutte le cose di cui la mia intelligenza fosse capace.

Quando ero più giovane avevo studiato un poco, tra le parti della filosofia, la logica, e, delle matematiche, l'analisi geometrica e l'algebra, tre arti o scienze che sembrava dovessero contribuire in qualche modo al mio disegno. Ma esaminandole, mi accorsi che, per quanto riguarda la logica, i suoi sillogismi e la maggior parte dei suoi precetti servono, piuttosto che ad apprendere, a spiegare ad altri le cose che si sanno, o anche, come l'arte di Lullo, a parlare senza giudizio di quelle che si ignorano. E benché contenga di fatto numerosi precetti molto veri e molto buoni, a questi se ne mescolano altrettanti che sono nocivi o superflui, sicché è quasi altrettanto difficile districarne i primi quanto tirarne fuori una Diana o una Minerva da un blocco di marmo non ancora sbozzato. Per quanto mi riguarda poi l'analisi degli antichi e l'algebra dei moderni, oltre al fatto che si riferiscono solo a oggetti molto astratti e che non sembrano avere nessuna utilità, la prima è sempre così strettamente unita alla considerazione delle figure, che non può esercitare l'intelletto senza una gran fatica per l'immaginazione; e nell'altra ci si è resi schiavi di certe regole e formule tanto da farla diventare un arte confusa e oscura che impaccia l'ingegno invece che una scienza che l'accresce. Perciò pensai che fosse necessario cercare un altro metodo che, raccogliendo i pregi di queste tre, fosse immune dai loro difetti. E come un gran numero di leggi riesce spesso a procurare scuse ai vizi, tanto che uno stato è molto meglio ordinato quando, avendone assai poche, vi sono rigorosamente osservate; così, in luogo del gran numero di regole di cui si compone la logica, ritenni che mi sarebbero bastate le quattro seguenti, purché prendessi la ferma e costante decisione di non mancare neppure una volta di osservarle.

La prima regola era di non accettare mai nulla per vero, senza conoscerlo evidentemente come tale: cioè di evitare scrupolosamente la precipitazione e la prevenzione; e di non comprendere nei miei giudizi niente più di quanto si fosse presentato alla mia ragione tanto chiaramente e distintamente da non lasciarmi nessuna occasione di dubitarne.

La seconda, di dividere ogni problema preso in esame in tante parti quanto fosse possibile e richiesto per risolverlo più agevolmente.

La terza, di condurre ordinatamente i miei pensieri cominciando dalle cose più semplici e più facili a conoscersi, per salire a poco a poco, come per gradi, sino alla conoscenza delle più complesse; supponendo altresì un ordine tra quelle che non si precedono naturalmente l'un l'altra.

E l'ultima, di fare in tutti i casi enumerazioni tanto perfette e rassegne tanto complete, da essere sicuro di non omettere nulla.

Quelle lunghe catene di ragionamenti, tutti semplici e facili, di cui sogliono servirsi i geometri per arrivare alle più difficili dimostrazioni, mi avevano indotto a immaginare che tutte le cose che possono rientrare nella conoscenza umana si seguono l'un l'altra allo stesso modo, e che non ce ne possono essere di così remote a cui alla fine non si arrivi, né di così nascoste da non poter essere scoperte; a patto semplicemente di astenersi dall'accettarne per vera qualcuna che non lo sia, e di mantenere sempre l'ordine richiesto per dedurre le une dalle altre. Né mi fu molto difficile la ricerca di quelle da cui bisognava cominciare: sapevo già infatti che dovevano essere le più semplici e facili a conoscersi; e considerando che di tutti coloro che hanno finora cercato le verità nelle scienze solo i matematici han potuto trovare qualche dimostrazione, e cioè delle ragioni certe ed evidenti, non dubitavo che avrei dovuto incominciare dalle stesse cose prese in esame da loro; anche se non speravo di ricavarne nessun'altra utilità se non quella di abituare la mia mente a nutrirsi di verità e a non contentarsi di false ragioni.

Ma non volevo, con questo, mettermi a imparare tutte quelle scienze particolari che son dette comunemente matematiche; e vedendo che, sebbene i loro oggetti siano diversi, pure concordano tutte tra loro nel considerare soltanto le varie proporzioni o rapporti in essi racchiusi, pensai che fosse meglio esaminare soltanto queste proporzioni in generale, supponendole solo in oggetti che potessero rendermene la conoscenza più agevole, ma non limitandole in nessun modo a questi ultimi, e questo per riuscire in seguito ad applicarle altrettanto bene a tutti gli altri cui potessero convenire. Poi, essendomi accorto che per conoscerle avrei avuto bisogno a volte di considerarle ognuna in particolare, a volte di ricordarle soltanto o di comprenderne molte insieme, pensai che, per meglio studiarle in particolare, dovevo raffigurarle in forma di linee, giacché non trovai niente di più semplice o che potessi più distintamente rappresentare alla mia immaginazione e ai miei sensi; e per ricordarle e per comprenderne molte insieme, dovevo invece esprimerle con qualche cifra tra le più brevi possibili. In questo modo avrei colto tutto il meglio dell'analisi geometrica e dell'algebra e corretto i difetti dell'una con l'altra.

Oso dire che la scrupolosa osservanza dei pochi precetti che avevo scelto mi rese così facile la soluzione di tutti i problemi di quelle due scienze, che nei due o tre mesi dedicati a studiarli, avendo iniziato dai più semplici e generali, e diventando ogni verità che acquistavo una regola che mi consentiva di trovarne in seguito altre, non soltanto venni a capo di molte questioni che un tempo avevo giudicato assai difficili, ma mi sembrò anche, verso la fine, che avrei potuto stabilire, anche per quelle che ignoravo, con quali mezzi e fino a che punto fosse possibile risolverle. E in questo non vi sembrerò forse troppo vanitoso, se considererete che, essendoci di ogni cosa una sola verità, chiunque la trovi ne sa tanto quanto se ne può sapere; come, per esempio, un ragazzo che ha imparato l'aritmetica, fatta una addizione seguendo le sue regole, può essere certo di aver trovato, a proposito della somma cercata, tutto quel che l'intelligenza umana può trovarne. Perché insomma il metodo che ci insegna a seguire il vero ordine e a enumerare esattamente tutti i dati di quel che si cerca, contiene tutto ciò che dà certezza alle regole dell'aritmetica.

Ma quel che mi soddisfaceva di più in questo metodo era il fatto che, grazie ad esso, ero certo di usare sempre la mia ragione, se non perfettamente, almeno nel miglior modo possibile per me; e adoperandolo sentivo anche che il mio intelletto si abituava a poco a poco a concepire più nettamente e distintamente i suoi oggetti, e che, non avendolo limitato a nessun oggetto in particolare, potevo sperare di applicarlo alle difficoltà delle altre scienze con altrettanto successo, come mi era accaduto con quelle dell'algebra.

Non che per questo osassi affrontare subito l'esame di tutti i problemi che si potessero presentare: sarebbe stato contrario proprio all'ordine prescritto dal metodo. Ma avendo considerato che i loro princìpi dovevano derivare tutti dalla filosofia, nella quale non ne trovavo ancora di certi, pensai che fosse necessario per me prima di tutto cercare di stabilirne qualcuno; e che essendo questa la cosa al mondo più importante in cui l'anticipazione e la precipitazione sono più da temere, non dovevo tentare di venirne a capo prima di aver raggiunto una età ben più matura dei ventitré anni che avevo allora. Avrei prima impiegato molto tempo a prepararmi a questo compito, sia sradicando dalla mia mente tutte le false opinioni che avevo già ricevuto, sia accumulando molte esperienze, destinate a diventare in seguito materia dei miei ragionamenti; e questo, continuando a esercitarmi nel metodo che mi ero prescritto, per acquistare in esso una sempre maggiore sicurezza.

III. QUALCHE REGOLA DELLA MORALE TRATTA DAL METODO

E infine, come non basta, prima di cominciare a ricostruire la casa che si abita, demolirla e provvedersi di materiali e di architetti, o esercitare se stessi nell'architettura, e averne inoltre tracciato accuratamente il disegno; ma è necessario altresì aver trovato un'altra casa, che si possa abitare comodamente durante i lavori; così, per non restare del tutto irresoluto nelle mie azioni mentre la ragione mi avrebbe obbligato a esserlo nei miei giudizi, e per non impedirmi di vivere da quel momento il più felicemente possibile, mi formai una morale provvisoria, fatta di tre o quattro massime soltanto, che desidero qui enunciare.

La prima era di obbedire alle leggi e ai costumi del mio paese, mantenendomi fermamente nella religione in cui Dio mi aveva fatto la grazia di essere istruito fin dall'infanzia, e regolandomi per il resto secondo le opinioni più moderate e lontane dagli eccessi messe ordinariamente in pratica dai più prudenti fra quelli con cui avrei dovuto vivere. Cominciando infatti da allora a non tenere in nessun conto le mie proprie opinioni, perché volevo sottoporle tutte a esame, ero sicuro di non poter far meglio che seguire quelle dei più prudenti. E sebbene di persone sensate ce ne siano forse tra i persiani o i cinesi quante tra noi, mi sembrava più utile regolarmi su quelle con le quali avrei dovuto vivere; e mi sembrava inoltre che per conoscere le loro vere opinioni dovessi badare a quel che facevano, piuttosto che a quel che dicevano; non solo perché, nella corruzione dei nostri costumi, pochi son disposti a dire tutto quel che credono, ma anche perché molti l'ignorano essi stessi; essendo infatti l'atto del pensiero con il quale si crede una cosa diverso da quello per cui conosciamo di crederla, accade spesso che l'uno si dia senza l'altro. E fra le molte opinioni egualmente accolte nell'uso, non sceglievo se non le più moderate: sia perché sono sempre le più facili a mettersi in pratica, e probabilmente le migliori, giacché ogni eccesso suol essere cattivo; sia per allontanarmi dalla retta via, se avessi sbagliato, meno di quanto mi sarebbe accaduto se, avendo scelto uno degli estremi, fosse stato l'altro che bisognava seguire. E in particolare collocavo tra gli eccessi tutte le promesse con le quali si restringe in parte la propria libertà. Non che disapprovassi le leggi che consentono di prendere impegni o fare contratti che obbligano a non cambiare idea, rimediando così all'incostanza degli spiriti deboli, quando vogliono qualcosa di buono, o garantendo la sicurezza dei commerci, anche nel caso di progetti semplicemente indifferenti; ma vedendo che nessuna cosa al mondo permane nello stesso stato, e, quanto a me, essendomi ripromesso di perfezionare sempre più i miei giudizi e non di renderli peggiori, avrei pensato di peccare gravemente contro il buon senso se, per il solo fatto di approvare allora qualcosa, mi fossi obbligato a considerarla buona anche in seguito quando avrebbe forse cessato di esserlo o avessi smesso di ritenerla tale.

La mia seconda massima era di mantenermi nelle mie azioni più fermo e più risoluto che potessi, e di seguire le opinioni più dubbie, una volta che a queste mi fossi determinato, non meno costantemente di quelle del tutto sicure. Intendevo imitare in questo i viaggiatori che, trovandosi smarriti in una foresta, non devono vagare, aggirandosi ora da una parte ora dall'altra, né tanto meno fermarsi in un posto, ma camminare sempre diritto, per quanto è possibile in una direzione, e non cambiarla senza un buon motivo, neanche se l'avessero scelta, all'inizio, solo per caso: in questo modo, infatti, se non vanno proprio dove desiderano, arriveranno alla fine almeno in qualche luogo dove è probabile che si trovino meglio che nel bel mezzo di una foresta. Così, dal momento che spesso le azioni, nella vita, non consentono nessun indugio, è una verità assai certa che, quando non è in nostro potere discernere le opinioni più vere, dobbiamo seguire le più probabili; e inoltre, che se le une non ci paiono più probabili delle altre, pure dobbiamo sceglierne una, e considerarla in seguito non più come dubbia, in riferimento alla pratica, ma come verissima e certissima, perché è tale la ragione della nostra scelta. E questo bastò da allora a liberarmi da tutti i pentimenti e rimorsi che sogliono agitare le coscienze deboli e irresolute, le quali, prive di costanza, si abbandonano a fare, ritenendole buone, cose che in seguito giudicano cattive.

La mia terza massima era di cercare di vincere me stesso piuttosto che la fortuna, e di cambiare i miei desideri piuttosto che l'ordine del mondo; e, in generale, di abituarmi a credere che non c'è nulla che sia interamente in nostro possesso se non i nostri pensieri, sicché quando abbiamo fatto del nostro meglio, rispetto alle cose fuori di noi, tutto quello che non ci riesce è per noi assolutamente impossibile. E già questo mi sembrava sufficiente per evitarmi di desiderare nell'avvenire qualcosa che non potessi raggiungere, e per rendermi, così, soddisfatto. Infatti, poiché la nostra volontà è portata naturalmente a desiderare solo quello che l'intelletto le rappresenta in qualche modo come possibile, è certo che, se considereremo tutti i beni fuori di noi egualmente lontani dal nostro potere, non proveremo rammarico di essere privati di quelli che riteniamo ci siano dovuti per nascita, quando ci venissero tolti senza nostra colpa, più di quanto ne abbiamo per non possedere i regni della Cina o del Messico; e facendo, come si dice, di necessità virtù, non desidereremo di essere sani se siamo malati, o liberi se siamo in prigione, più di quanto desideriamo ora di avere il corpo di una materia tanto incorruttibile come il diamante, o ali per volare come gli uccelli. Ma ammetto che c'è bisogno di un lungo esercizio, e di una meditazione spesso rinnovata per abituarsi a guardare tutte le cose da questo punto di vista; e penso che in questo soprattutto consistesse il segreto di quei filosofi che sono riusciti nel passato a sottrarsi al dominio della fortuna e, malgrado i dolori e la povertà, a considerarsi, quanto alla felicità, rivali dei loro dèi. Giacché, perseverando nella considerazione dei limiti a loro prescritti dalla natura, si convincevano così perfettamente che nulla era in loro potere se non i propri pensieri, che questo solo bastava a liberarli da ogni attaccamento alle altre cose; e dei pensieri disponevano in modo così assoluto, che avevano in questo qualche ragione di ritenersi più ricchi e potenti, e più liberi e felici di tutti gli altri; i quali, privi di questa filosofia, per quanto favoriti dalla natura e dalla fortuna, non dispongono mai in questo modo di tutto ciò che vogliono.

Infine, per concludere questa morale, decisi di fare un esame accurato delle diverse occupazioni degli uomini in questa vita, per cercare di sceglierne la migliore; e senza voler giudicare delle opinioni altrui, pensai di non poter far meglio che perseverare nella mia, cioè continuare a dedicare tutta la mia vita a coltivare la ragione, e progredire quando potessi nella conoscenza della verità, seguendo il metodo che mi ero prescritto. Da quando avevo cominciato a servirmi di questo metodo avevo provato piaceri così grandi che non credevo se ne potessero ottenere di più dolci, né di più innocenti, in questa vita; e scoprendo ogni giorno col suo aiuto qualche verità che mi sembrava abbastanza importante e comunemente ignorata dagli altri uomini, la soddisfazione che ne avevo mi colmava l'animo al punto che tutto il resto non mi toccava per nulla. Inoltre, le tre massime precedenti erano fondate solo sul disegno di continuare a istruirmi: avendo Dio dato a ciascuno qualche lume per distinguere il vero dal falso, non avrei mai creduto di dovermi contentare neppure per un istante delle opinioni altrui, se non mi fossi proposto di usare il mio giudizio nell'esaminarle, al momento opportuno; e non avrei potuto liberarmi da ogni scrupolo, nel seguirle, se non avessi sperato di non perdere perciò nessuna occasione di trovarne di migliori nel caso ce ne fossero. Infine non avrei potuto limitare i miei desideri, né ritenermi contento, se non avessi percorso una strada la quale mi avesse assicurato l'acquisto di tutte le conoscenze di cui fossi capace e insieme di ogni vero bene che fosse in mio potere. Tanto più che, non essendo la volontà nostra portata a seguire o a fuggire nessuna cosa che il nostro intelletto non le rappresenti come buona o cattiva, basta giudicare bene per fare bene, e giudicare meglio che si può per fare anche tutto il proprio meglio, cioè per acquistare tutte le virtù e insieme ogni altro bene che sia possibile acquistare; e quando si è certi che la cosa sta in questo modo, non si può non essere contenti.

Dopo essermi così procurate queste massime, e averle riposte accanto alle verità della fede, che sono state sempre le prime tra le cose in cui credo, giudicai che di tutte le rimanenti opinioni potevo liberamente cominciare a disfarmi. E giacché speravo di poterne venire meglio a capo stando a contatto con gli uomini, piuttosto che continuando a rimanere accanto alla stufa, chiuso nella stanza dove avevo avuto tutti questi pensieri, mi rimisi a viaggiare prima che l'inverno fosse terminato. E per tutti i nove anni che seguirono non feci altro che girare di qua e di là per il mondo, cercando di essere, piuttosto che attore, spettatore delle commedie che vi si rappresentano; e riflettendo in particolare, per ogni cosa, su ciò che poteva renderla sospetta e dare a noi occasione di ingannarci, eliminavo via via dal mio animo tutti gli errori che in precedenza vi si erano potuti introdurre. Non imitavo, per questo, gli scettici, che dubitano solo per dubitare e ostentano una perenne incertezza: al contrario, ogni mio proposito tendeva soltanto a raggiungere qualcosa di certo, e a scartare il terreno mobile e la sabbia, per trovare la roccia e l'argilla. E questo mi riusciva, credo, abbastanza bene; tanto più che, cercando di scoprire la falsità o l'incertezza delle proposizioni prese in esame, non con deboli congetture, ma con ragionamenti chiari e certi, non ne incontrai mai di così dubbie che non potessi trarne ogni volta qualche conclusione abbastanza sicura, almeno questa soltanto, che non contenevano nulla di certo. E come nel buttar giù una vecchia casa si mettono da parte, di solito, i materiali della demolizione, per servirsene nella costruzione della nuova; così, distruggendo tutte le mie opinioni che giudicavo mal fondate, facevo varie osservazioni, e raccoglievo parecchie esperienze, che mi sono servite più tardi per costruirne di più sicure. Inoltre, continuavo a esercitarmi nel metodo che mi ero prescritto; giacché, oltre ad aver cura di condurre in generale tutti i miei pensieri secondo le sue regole, mi concedevo ogni tanto qualche ora per applicarlo in particolare a problemi di matematica, o anche ad altri che potevo quasi assimilare a questi, separandoli da tutti i princìpi delle altre scienze che non mi sembravano abbastanza stabili; come nel caso di molti problemi che vedrete spiegati in questo volume. E così, senza vivere in maniera diversa, in apparenza, da quanti, non avendo altra occupazione se non quella di trascorrere una vita piacevole e innocente, cercano di distinguere i piaceri dai vizi, e, per godere dell'ozio senza annoiarsi, si concedono tutti i divertimenti onesti, non cessavo di seguire il mio proposito e di progredire nella conoscenza della verità, forse più che se mi fossi limitato a leggere libri o a frequentare letterati.

Tuttavia questi nove anni trascorsero prima ancora che avessi preso partito a proposito delle difficoltà che sogliono discutere i dotti, e senza che avessi cominciato a cercare i fondamenti di una filosofia più certa di quella corrente. E l'esempio di molti eccellenti ingegni, che si erano proposti nel passato lo stesso compito senza esserci, a quanto mi pareva, riusciti, mi faceva immaginare in questo tante difficoltà, che non avrei osato ancora affrontarlo tanto presto, se non avessi saputo che qualcuno faceva già correre la voce che ne ero venuto a capo. Su che cosa fondassero questa opinione, non saprei dirlo; giacché se vi ho contribuito in qualcosa con i miei discorsi, deve essere non perché mi sono vantato di qualche sapere, ma perché ho confessato quel che ignoravo con una franchezza maggiore di quella usata di solito da quanti hanno studiato un poco; o forse anche perchè ho mostrato le ragioni che avevo di dubitare di molte cose che altri ritengono certe. Ma essendo abbastanza fiero per non sopportare di essere preso per quel che non ero, pensai che ero obbligato a cercare di rendermi degno con ogni mezzo della fama che mi si attribuiva; e sono passati otto anni esatti da quando questo desiderio mi convinse ad abbandonare tutti i luoghi dove potevo avere dei conoscenti, e a ritirarmi qui, in un paese nel quale la lunga durata della guerra ha introdotto una disciplina tale che gli eserciti che vi sono stanziati sembrano servire soltanto a far sì che vi si godano con più sicurezza i frutti della pace; qui, tra la moltitudine di un popolo grande, attivissimo, e più sollecito dei propri affari che curioso di quelli altrui, senza mancare di nessuna comodità delle città più affollate, ho potuto vivere in tanta solitudine e in tanta quiete quanta ne avrei potuta trovare nei più lontani deserti.

IV. LE PROVE DELL'ESISTENZA DI DIO E DELL'ANIMA UMANA, OSSIA I FONDAMENTI DELLA METAFISICA

Non so se debbo riferirvi le prime meditazioni che ho fatto qui; perché sono tanto astratte e tanto insolite, che non saranno forse apprezzate da tutti. Tuttavia, perché si possa giudicare se sono abbastanza solidi i fondamenti che mi son dato, mi trovo in qualche modo costretto a parlarne. Avevo notato da tempo, come ho già detto, che in fatto di costumi è necessario qualche volta seguire opinioni che si sanno assai incerte, proprio come se fossero indubitabili; ma dal momento che ora desideravo occuparmi soltanto della ricerca della verità, pensai che dovevo fare proprio il contrario e rigettare come assolutamente falso tutto ciò in cui potevo immaginare il minimo dubbio, e questo per vedere se non sarebbe rimasto, dopo, qualcosa tra le mie convinzioni che fosse interamente indubitabile. Così, poiché i nostri sensi a volte ci ingannano, volli supporre che non ci fosse cosa quale essi ce la fanno immaginare. E dal momento che ci sono uomini che sbagliano ragionando, anche quando considerano gli oggetti più semplici della geometria, e cadono in paralogismi, rifiutai come false, pensando di essere al pari di chiunque altro esposto all'errore, tutte le ragioni che un tempo avevo preso per dimostrazioni. Infine, considerando che tutti gli stessi pensieri che abbiamo da svegli possono venirci anche quando dormiamo senza che ce ne sia uno solo, allora, che sia vero, presi la decisione di fingere che tutte le cose che da sempre si erano introdotte nel mio animo non fossero più vere delle illusioni dei miei sogni. Ma subito dopo mi accorsi che mentre volevo pensare, così, che tutto è falso, bisognava necessariamente che io, che lo pensavo, fossi qualcosa. E osservando che questa verità: *penso, dunque sono*, era così ferma e sicura, che tutte le supposizioni più stravaganti degli scettici non avrebbero potuto smuoverla, giudicai che potevo accoglierla senza timore come il primo principio della filosofia che cercavo.

Poi, esaminando esattamente quel che ero, e vedendo che potevo fingere di non avere nessun corpo, e che non ci fosse mondo né luogo alcuno in cui mi trovassi, ma che non potevo fingere, perciò, di non esserci; e che al contrario, dal fatto stesso che pensavo di dubitare della verità delle altre cose, seguiva con assoluta evidenza e certezza che esistevo; mentre, appena avessi cessato di pensare, ancorché fosse stato vero tutto il resto di quel che avevo da sempre immaginato, non avrei avuto alcuna ragione di credere ch'io esistessi: da tutto ciò conobbi che ero una sostanza la cui essenza o natura sta solo nel pensare e che per esistere non ha bisogno di alcun luogo né dipende da qualcosa di materiale. Di modo che questo io, e cioè la mente per cui sono quel che sono, è interamente distinta dal corpo, del quale è anche più facile a conoscersi; e non cesserebbe di essere tutto quello che è anche se il corpo non esistesse.

Dopo di ciò, considerai in generale quel che si richiede ad una proposizione perché sia vera e certa; infatti, poiché ne avevo appena trovata una che sapevo essere tale, pensai che dovevo anche sapere in che cosa consiste questa certezza. E avendo notato che non c'è niente altro in questo *io penso, dunque sono*, che mi assicuri di dire la verità, se non il fatto di vedere molto chiaramente che, per pensare, bisogna essere, giudicai che potevo prendere come regola generale che le cose che concepiamo molto chiaramente e molto distintamente sono tutte vere; e che c'è solo qualche difficoltà a vedere bene quali sono quelle che concepiamo distintamente.

In seguito a ciò, riflettendo sul fatto che dubitavo, e che di conseguenza il mio essere non era del tutto perfetto, giacché vedevo chiaramente che conoscere è una perfezione maggiore di dubitare, mi misi a cercare donde avessi appreso a pensare qualcosa di più perfetto di quel che ero; e conobbi in maniera evidente che doveva essere da una natura che fosse di fatto più perfetta. Per quel che riguarda i pensieri che avevo di molte altre cose fuori di me, come il cielo, la terra, la luce, il calore, e mille altre, non mi davo molta pena di cercare donde mi venissero, giacché non notavo in essi nulla che li rendesse superiori a me, e perciò potevo credere che, se erano veri, dipendevano dalla mia natura in quanto dotata di qualche perfezione; e se non lo erano, mi venivano dal nulla, cioè erano in me per una mia imperfezione. Ma non potevo dire lo stesso dell'idea di un essere più perfetto del mio: perché, che mi venisse dal nulla, era chiaramente impossibile; e poiché far seguire o dipendere il più perfetto dal meno perfetto è altrettanto contraddittorio quanto far procedere qualcosa dal nulla, non poteva neppure venire da me stesso. Di modo che restava che fosse stata messa in me da una natura realmente più perfetta della mia, e che avesse anche in se tutte le perfezioni di cui potevo avere qualche idea, e cioè, per spiegarmi con una sola parola, che fosse Dio. A questo aggiunsi che, poiché conoscevo qualche perfezione di cui mancavo del tutto, non ero il solo essere esistente (userò qui liberamente, se non vi spiace, alcuni termini della Scuola), ma occorreva necessariamente che ce ne fosse qualche altro più perfetto, dal quale dipendevo e dal quale avevo ottenuto tutto quel che avevo. Giacché se ne fossi stato solo e indipendente da ogni altro e avessi così avuto da me stesso tutto quel poco che partecipavo dell'essere perfetto, avrei potuto avere da me, per la stessa ragione, tutto il di più che sapevo mancarmi, ed essere per tanto io stesso infinito, eterno, immutabile, onnisciente, onnipotente, avere insomma tutte le perfezioni che potevo vedere in Dio. Poiché, seguendo i ragionamenti appena fatti, per conoscere la natura di Dio per quanto la mia ne era capace, non dovevo far altro che considerare ogni cosa di cui trovavo in me qualche idea, se era una perfezione possederla, e così ero sicuro che nessuna di quelle che indicavano qualche imperfezione era in lui, mentre vi erano tutte le altre. Così vedevo che il dubbio, l'incostanza, la tristezza e le altre cose simili a queste non potevano essere in lui dal momento che sarei stato anch'io ben felice di esserne privo. Oltre a ciò avevo idee di cose sensibili e corporee: giacché anche se supponevo di sognare, e che fosse falso tutto quel che supponevo o immaginavo, non potevo negare tuttavia che le idee di queste cose fossero realmente nel mio pensiero. Ma poiché avevo conosciuto molto chiaramente in me stesso che la natura intelligente è distinta da quella corporea, considerando che ogni composizione attesta una dipendenza, e che la dipendenza è manifestamente un difetto, giudicai da ciò che non avrebbe potuto costituire una perfezione in Dio l'essere composto di quelle due nature, e dunque che non lo era; e che anzi, se c'era qualche corpo al mondo, o qualche intelligenza o altre nature che non fossero del tutto perfette, la loro esistenza doveva dipendere dalla sua potenza in modo tale che non potessero sussistere un solo momento senza di lui.

Dopo di ciò, volli cercare altre verità, e rivoltomi all'oggetto della geometria, che concepivo come un corpo continuo ovvero uno spazio indefinitamente esteso in lunghezza, larghezza, altezza o profondità, divisibile in diverse parti, che potevano avere varie figure e grandezze, ed essere mosse a piacere o trasportate da un posto a un altro, giacché proprio questo i geometri suppongono nel loro oggetto, ripercorsi alcune delle loro più semplici dimostrazioni. E avendo notato che quella gran certezza che tutti vi riconoscono è fondata soltanto sul fatto che sono concepite con evidenza, secondo la regola che ho appena esposto, notai anche che non c'era assolutamente nulla, in esse, che mi assicurasse dell'esistenza del loro oggetto. Giacché, per esempio, vedevo bene che, supposto un triangolo, era necessario che i suoi angoli fossero uguali a due retti; ma con questo non vedevo nulla che mi assicurasse dell'esistenza di qualche triangolo nel mondo. Mentre, tornando alla mia idea di un essere perfetto, trovavo che l'esistenza vi era compresa come è compreso nell'idea di un triangolo che i suoi angoli sono uguali a due retti, o in quella di una sfera che tutte le sue parti sono equidistanti dal centro, o anche con maggiore evidenza; e per conseguenza che Dio, che è questo essere perfetto, è o esiste, è almeno altrettanto certo quanto potrebbe esserlo una qualunque dimostrazione della geometria.

Ma la ragione per cui molti si convincono che ci sono difficoltà a conoscere ciò, è anche a conoscere che cosa è la propria anima, è che non portano mai la loro mente al di là delle cose sensibili, e sono talmente abituati a non considerare nessuna cosa se non immaginandola (che è un modo particolare di pensare le cose materiali), da ritenere che tutto quel che non è immaginabile non è neppure intelligibile. Ciò appare abbastanza chiaro dal fatto che anche i filosofi delle Scuole considerano come massima che nulla sia nell'intelletto che prima non sia stato nel senso: dove è certo tuttavia che le idee di Dio e dell'anima non sono mai state. E mi sembra che quelli che vogliono far uso della loro immaginazione per comprenderle, fanno proprio come se volessero servirsi degli occhi per udire i suoni o sentire gli odori: con in più questa differenza, che la vista non ci rende meno sicuri della verità dei suoi oggetti, di quanto facciano l'odorato e l'udito; mentre né l'immaginazione né i sensi potrebbero mai renderci certi di qualcosa senza l'intervento del nostro intelletto.

Infine, se ci sono ancora degli uomini non abbastanza persuasi dell'esistenza di Dio e della loro anima per le ragioni che ho portato, voglio proprio che sappiano che tutte le altre cose di cui pensano di essere forse più sicuri, come di avere un corpo, e dell'esistenza degli astri, della terra e simili, sono meno certe. Perché sebbene si abbia di queste una certezza morale, tale che non si possa dubitarne a meno di non essere stravaganti, tuttavia, a meno di non essere irragionevoli, quando è in questione una certezza metafisica, non si può neanche negare che sia un motivo sufficiente per no ritenersi interamente certi quello di accorgersi che si può, allo stesso modo, immaginare nel sonno di avere un altro corpo, o di vedere altri astri o un altra terra senza che ci sia nulla di tutto questo. Perché da dove sappiamo che sono più falsi degli altri i pensieri che ci vengono in sogno, visto che non sono spesso meno vivaci e netti? Cerchino pure i migliori ingegni, fintanto che a loro piace: non vedo che possano addurre una ragione sufficiente a togliere questo dubbio, se non presuppongono la esistenza di Dio. Perché, in primo luogo, anche quella che ho assunto poc'anzi come regola, cioè che le cose che concepiamo molto chiaramente e distintamente sono tutte vere, non è certa se non perché Dio è o esiste, perché è un essere perfetto e perché da Lui riceviamo tutto quello che è in noi. Di qui segue che le nostre idee o nozioni, essendo in tutto ciò per cui sono chiare e distinte cose reali e che ci vengono da Dio, non possono in questo non essere che vere. Di modo che, se spesso ne abbiamo che contengono del falso, non può trattarsi che di quelle che hanno qualcosa di confuso e oscuro, per il fatto che partecipano in questo del nulla, e cioè sono in noi così confuse solo perché non siamo del tutto perfetti. Ed è evidentemente tanto impensabile che il falso o l'imperfezione, in quanto tale, procedano da Dio, quanto lo è che la verità o la perfezione proceda dal nulla. Ma se non sapessimo che tutto ciò che vi è in noi di reale e di vero ci viene da un essere perfetto e infinito, per chiare e distinte che fossero le nostre idee non avremmo nessuna ragione di essere certi che hanno la perfezione di essere vere.

Ora, dopo che la conoscenza di Dio e della mente ci ha in tal modo reso certi di questa regola, è ben facile intendere che i sogni immaginati nel sonno non debbono in nessun modo farci dubitare della verità dei pensieri che abbiamo durante la veglia. Perché se ci accadesse di avere, anche dormendo, qualche idea molto distinta, se un geometra, per esempio, scoprisse qualche nuova dimostrazione, il fatto ch'egli dorma non le impedirebbe di essere vera. E quando all'errore più comune dei nostri sogni, che consiste nel fatto che ci rappresentano diversi oggetti proprio come i sensi esterni, poco importa che ci dia motivo di diffidare della verità di queste idee, giacché spesso possiamo benissimo ingannarci senza che dormiamo: come quando l'itterizia ci fa vedere tutto giallo, o quando ci sembra che gli astri o altri corpi lontanissimi siano molto più piccoli di quel che sono. Perché insomma, sia che vegliamo, sia che dormiamo, non dobbiamo lasciarci convincere che dall'evidenza della nostra ragione. E si badi che dico: della nostra ragione, e non della nostra immaginazione, o dei nostri sensi. Così il sole, sebbene lo vediamo molto chiaramente, non dobbiamo perciò giudicarlo piccolo come lo vediamo; e possiamo ben immaginare distintamente una testa di leone innestata sul corpo di una capra, senza dover concludere perciò che ci sia al mondo una chimera: perché la ragione non ci dice affatto che quel che così vediamo o immaginiamo è anche vero. Ci dice bensì che tutte le nostre idee o nozioni debbono avere qualche fondamento di verità; giacché in caso contrario non sarebbe possibile che Dio, che è assolutamente perfetto e veritiero, le avesse messe in noi. E poiché i nostri ragionamenti non sono mai così evidenti né completi nel sonno come nella veglia, sebbene le immagini quando dormiamo possano essere a volte altrettanto o anche più vivaci e nette, la ragione ci dice ancora che, non potendo i nostri pensieri essere in tutto veri dal momento che non siamo interamente perfetti, quanto hanno di verità deve trovarsi in quelli che abbiamo da svegli, piuttosto che nei nostri sogni.

V. QUESTIONI DI FISICA

Sarei molto lieto di proseguire, e di far vedere qui tutta la catena delle altre verità che ho dedotto da quelle prime. Ma per far questo dovrei parlare ora di molte questioni che sono tuttora controverse tra i dotti, con i quali non desidero entrare in conflitto; perciò farò meglio, credo, ad astenermene, dicendo soltanto in generale quali siano le questioni, per lasciar giudicare ai più saggi se sarebbe utile che il pubblico ne fosse informato con più particolari. Sono rimasto sempre fermo nella decisione che avevo preso di non supporre nessun altro principio oltre quello di cui mi sono servito ora per dimostrare l'esistenza di Dio e dell'anima, e di non accettare nessuna cosa per vera, che non apparisse più chiara e più certa di quanto mi sembravano un tempo le dimostrazioni dei geometri. E tuttavia oso affermare che non solo ho trovato il modo di giungere in breve tempo a conclusioni soddisfacenti per tutto ciò che riguarda le principali difficoltà di cui suole trattare la filosofia, ma ho anche individuato certe leggi, che Dio ha stabilito nella natura, imprimendone le nozioni nella nostra mente in modo tale che, avendo riflettuto a sufficienza su di esse, non potremmo dubitare che siano esattamente osservate in tutto ciò che nel mondo è o accade. Poi, considerando l'insieme di queste leggi, mi sembra di avere scoperto molte verità più utili e importanti di quel che in precedenza avevo appreso o soltanto sperato di apprendere.

Ma poiché le principali tra quelle verità ho cercato di spiegarle in un trattato che alcune considerazioni mi impediscono di pubblicare, non potrei enunciarle meglio che riassumendo qui il contenuto di quel trattato. Mi ero proposto di raccogliere in esso tutto quello che, cominciando a scrivere, pensavo di sapere sulla natura delle cose materiali. Ma come i pittori, non potendo raffigurare egualmente bene su una superficie piana tutte le diverse facce di un solido, ne scelgono una delle principali e la mettono in luce, ombreggiando le altre in modo che si possano vedere solo guardando quella: così, nel timore di non poter far entrare nel mio discorso tutto ciò che avevo in mente, decisi di esporre con molta ampiezza soltanto la mia concezione della luce; poi, di qui, aggiungere qualcosa sul sole e sulle stelle fisse, da cui la luce, quasi interamente, proviene; e poi sui cieli che la trasmettono; sui pianeti, sulle comete, e sulla terra, che la riflettono; e, in particolare, su tutti i corpi che sono sulla terra, per il fatto che sono o colorati o trasparenti o luminosi; infine sull'uomo, perché ne è lo spettatore. Anzi, per mettere un po' in ombra queste cose e poter dire più liberamente quel che ne pensavo senza essere obbligato a seguire o a confutare le opinioni accolte tra i dotti, decisi di abbandonare tutto questo mondo qui alle loro dispute, e di parlare soltanto di quel che accadrebbe in uno nuovo, se Dio creasse ora da qualche parte, negli spazi immaginari, abbastanza materia per comporlo, e ne agitasse in vario modo e senza un ordine le diverse parti, così da formarne un caos tanto confuso quanto possono immaginarlo i poeti; e in seguito non facesse altro che prestare il suo concorso ordinario alla natura, lasciandola agire secondo le leggi da lui stabilite. Descrissi così, in primo luogo, questa materia, e cercai di rappresentarla in modo tale, che nulla al mondo, mi sembra, vi è di più chiaro e intelligibile, salvo quanto è stato già detto di Dio e dell'anima: infatti supposi quasi espressamente che non ci fosse in essa nessuna di quelle forme e qualità di cui si disputa nelle Scuole, nè alcuna cosa in generale la cui conoscenza non sia per noi così naturale che non possiamo neppure fingere di ignorarla. In secondo luogo, mostrai quali sono le leggi della natura; e senza sostenere i miei ragionamenti con nessun altro principio, ma solo con le perfezioni infinite di Dio, mi sforzai di dare la dimostrazione di tutte le leggi di cui si poteva aver qualche dubbio, e di far vedere che sono tali, che se anche Dio avesse creato molti mondi, non ce ne sarebbe nessuno in cui non verrebbero osservate. Dopo di che, mostrai che la maggior parte della materia di questo caos doveva, secondo quelle leggi, disporsi e ordinarsi in un certo modo che la rendeva simile ai nostri cieli; e come, nel frattempo, alcune parti dovevano comporre una terra, altre pianeti e comete, altre ancora un sole e stelle fisse. E qui, soffermandomi sull'argomento della luce, spiegai molto a lungo la natura di quella che doveva trovarsi nel sole e nelle stelle, e come di là attraversava in un istante gli spazi immensi dei cieli, e come veniva riflessa dai pianeti e dalle comete verso la terra. Aggiunsi ancora molte cose sulla sostanza, la posizione, i movimenti e tutte le varie qualità di questi cieli ed astri; in modo che pensavo di dirne abbastanza da far capire che non si osserverebbe nulla in quelli del nostro mondo che non debba o almeno che non possa apparire del tutto simile in quelli del mondo da me descritto. Di là venni a parlare, in particolare, della terra; a spiegare come, pur supponendo espressamente che Dio non abbia assegnato nessuna pesantezza alla materia di cui è composta, tutte le sue parti non mancano tuttavia di tendere esattamente verso il centro; e come, essendovi dell'acqua e dell'aria sulla sua superficie, la disposizione dei cieli e degli astri e, in primo luogo della luna vi dovesse determinare un flusso e riflusso simile, in tutti i particolari, a quello che osserviamo nei nostri mari; e a parlare inoltre di un certo movimento dell'acqua e dell'aria da oriente a occidente, come lo si osserva anche fra i tropici; e del modo in cui le montagne, i mari, le sorgenti e i fiumi potevano formarsi sulla terra naturalmente, e i metalli ammassarsi nelle miniere, le piante crescere nei campi; e come in generale potevano generarsi tutti quei corpi che chiamiamo mosti o composti. E poiché dopo gli astri non conosco nulla al mondo che produca la luce se non il fuoco, mi sforzai tra le altre cose di spiegare molto chiaramente tutto ciò che appartiene alla sua natura, come nasce e come si alimenta; come mai a volte ci sia calore senza luce, e a volte luce senza calore; come possa far assumere a diversi corpi diversi colori e varie altre qualità; come provochi la fusione di alcuni, e altri ne indurisca; come possa consumarli quasi tutti, o mutarli in cenere e fumo; infine come da queste ceneri per la sola violenza della sua azione possa formare il vetro, giacché questa trasformazione delle ceneri in vetro è più straordinaria di qualsiasi altra in natura, e mi piacque descriverla in modo particolare.

Da questo tuttavia non volevo concludere che il nostro mondo sia stato creato nel modo da me descritto; perché è molto più probabile che Dio l'abbia fatto dal principio come doveva essere. Ma è certo, ed è un opinione comunemente accettata dai teologi, che l'azione con cui ora lo conserva è proprio la stessa di quella con cui l'ha creato; onde è pensabile, senza far torto al miracolo della creazione, che quand'anche non gli avesse dato all'inizio altra forma che quella del caos, bastava che, una volta stabilite le leggi della natura, gli prestasse il suo concorso per farla agire come suole, e già per questo tutte le cose che sono semplicemente materiali avrebbero potuto, col tempo, diventare quali ora le vediamo. E la loro natura è ben più facile da concepire quando si osservano nascere a poco a poco in questo modo, che non quando si vedono bell'e fatte.

Dalla descrizione dei corpi inanimati e delle piante passai a quella degli animali, in particolare a quella dell'uomo. Ma poiché non ne avevo ancora una conoscenza sufficiente per parlarne con lo stesso metodo usato per le altre cose, e cioè dimostrando gli effetti mediante le cause e indicando da quali elementi e in qual modo la natura debba produrli, mi contentai di supporre che Dio formasse il corpo di un uomo del tutto simile a uno dei nostri sia nell'aspetto esteriore delle membra che nella conformazione interna dei suoi organi, e usando la stessa materia da me descritta. E che al principio non infondesse in lui nessun'anima ragionevole, né altro che gli servisse da anima vegetativa o sensitiva, ma solo gli accendesse nel cuore uno di quei fuochi senza luce che avevo già spiegato e la cui natura mi pareva la stessa di quello che riscalda il fieno, quando lo si rinchiude prima che sia secco, o che fa bollire il vino nuovo quando si lascia fermentare insieme ai raspi. Perché, esaminando le funzioni possibili in questo corpo secondo la mia ipotesi, vi ritrovai proprio tutte quelle che possono essere in noi senza che vi pensiamo, e dunque senza che ad esse contribuisca la nostra mente, cioè quella parte distinta dal corpo della quale ho detto sopra che la sua natura è soltanto di pensare. Erano, tutte, le stesse funzioni per cui possiamo dire che gli animali privi di ragione ci somigliano. Ma con quell'ipotesi non potevo trovarne nessuna di quelle che, dipendendo dal pensiero, sono le sole che ci appartengono in quanto siamo uomini; mentre ce le ritrovavo tutte dopo, supponendo che Dio avesse creato un'anima ragionevole, e l'avesse unita a questo corpo in una certa maniera, che pure descrivevo.

Per mostrare in che modo trattavo questo argomento, voglio mettere qui la spiegazione del movimento del cuore e delle arterie, che è il primo e il più generale di quelli che si osservano negli animali, sicché da esso si può facilmente giudicare cosa si debba pensare di tutti gli altri. E perché risulti meno difficile capire quel che ne dirò, vorrei che quelli che non sanno nulla di anatomia si dessero la pena, prima di leggere queste pagine, di farsi mostrare il cuore tagliato di un grande animale dotato di polmoni, perché è simile in tutto a quello umano, e di farsi indicare le due camere o cavità che vi si trovano. Per prima, quella del lato destro, alla quale corrispondono due condotti molto larghi: cioè la vena cava, che è il principale ricettacolo del sangue e come il tronco di un albero di cui tutte le altre vene, nel corpo, sono i rami; e la vena arteriosa, chiamata così impropriamente, perché è in realtà un'arteria, che ha origine nel cuore e si divide dopo esserne uscita in molti rami che si espandono per tutti i polmoni. Poi, la cavità del lato sinistro, alla quale corrispondono allo stesso modo due condotti altrettanto o anche più larghi dei precedenti: cioè l'arteria venosa, che ha anch'essa un nome improprio perché non è che una vena che viene dai polmoni, dove è divisa in molti rami intrecciati a quelli della vena arteriosa e del condotto dal quale entra l'aria che respiriamo; e la grande arteria, che uscendo dal cuore irraggia i suoi rami in tutto il corpo. Vorrei anche che si facessero mostrare con cura le undici pellicole che con le altrettante valvole aprono e chiudono le quattro aperture che si trovano nelle due cavità: e cioè tre all'ingresso della vena cava, dove sono disposte in modo da consentire al sangue contenuto in essa di passare nella cavità destra del cuore, mentre gli impediscono completamente di uscirne; tre all'ingresso della vena arteriosa che, disposte in senso contrario, consentono sì al sangue che è in questa cavità di andare nei polmoni ma non a quello che è nei polmoni di tornarvi; e ancora, altre due all'ingresso dell'arteria venosa, che lasciano scorrere il sangue dai polmoni verso la cavità sinistra del cuore, ma ne impediscono il ritorno; tre all'ingresso della grande arteria, che gli consentono di uscire dal cuore, ma gli impediscono di rifluirvi. Non c'è bisogno di cercare un'altra ragione del numero delle valvole, se non che l'apertura dell'arteria venosa, essendo ovale, a causa del luogo in cui si trova, può essere facilmente chiusa da due, mentre per le altre, che sono rotonde, ne occorrono tre. Inoltre, vorrei che si considerasse che la grande arteria e la vena arteriosa sono di un composto molto più duro e solido dell'arteria venosa e della vena cava; e che queste ultime prima di introdursi nel cuore si allargano formando come due borse che son dette orecchiette del cuore, e son fatte di una carne simile alla sua; e vorrei che si osservasse come nel cuore ci sia sempre una quantità di calore maggiore che in ogni altra parte del corpo; infine che questo calore maggiore fa sì che quando qualche goccia di sangue penetra nelle sue cavità, subito si formi e si dilati, come accade in generale a tutti i liquidi che si lasciano cadere goccia a goccia in un recipiente molto caldo.

Dopo di ciò, non ho bisogno di dire altro, per spiegare il movimento del cuore, se non che, quando le cavità sono vuote, il sangue fluisce necessariamente dalla vena cava in quella di destra, e dall'arteria venosa in quella di sinistra; perché i due vasi sono sempre pieni, e le loro aperture, che guardano verso il cuore, non possono allora essere chiuse;

ma appena due gocce di sangue entrano una in ciascuna cavità -e tali gocce sono per forza assai grosse, perché le valvole da cui entrano sono molto larghe e i vasi da cui vengono sono molto pieni- esse si rarefanno e si dilatano a causa del calore che vi trovano, e così, facendo gonfiare tutto il cuore, spingono e chiudono le cinque valvole che stanno all'entrata dei vasi da cui provengono, impedendo in tal modo che altro sangue scenda nel cuore; e continuando a rarefarsi sempre più spingono e aprono le altre sei valvole, che sono all'ingresso degli altri due vasi da cui escono, facendo così gonfiare tutti i rami della vena arteriosa e della grande arteria, quasi nello stesso istante che il cuore; il quale, subito dopo si gonfia, come anche le arterie, perché il sangue che è entrato vi si raffredda e le loro sei valvole si chiudono mentre le cinque della vena cava e della arteria venosa si riaprono, consentendo ad altre due gocce di passare e di far gonfiare di nuovo il cuore e le arterie, proprio come le precedenti. E poiché il sangue che entra così nel cuore passa attraverso quelle due borse che sono dette orecchiette, il movimento di queste è contrario al suo, ed esse si gonfiano quando quello si gonfia. Del resto, perché quelli che ignorano la forza delle dimostrazioni matematiche e non sono abituati a distinguere le vere ragioni dalle verosimili non ardiscano negare tutto ciò senza esaminarlo, voglio avvertirvi che il movimento che ho appena spiegato deriva dalla sola disposizione degli organi visibile nel cuore, dal calore che vi si può avvertire con le dita, e dalla natura del sangue che è nota per esperienza, con una necessità pari a quella del movimento che in un orologio dipende dalla forza, dalla posizione e dalla forma dei contrappesi e delle ruote.
Ma se si domanda perché il sangue delle vene non si esaurisca passando così di continuo nel cuore, e perché le arterie non se ne riempiano troppo dal momento che tutto quello che passa dal cuore si riversa in esse, mi basta rispondere con quel che ha già scritto un medico inglese, il quale va lodato per avere rotto il ghiaccio su questo punto, e per essere stato il primo a insegnare che ci sono alle

estremità delle arterie molti piccoli passaggi attraverso i quali il sangue che ricevono dal cuore penetra nelle piccole ramificazioni delle vene, e di qui torna di nuovo al cuore, di modo che il suo corso non è altro che una circolazione ininterrotta. E questo lo prova assai bene con l'esperienza ordinaria dei chirurghi, che, legato il braccio senza stringere troppo al di sopra del punto in cui incidono una vena, fanno sì che il sangue ne esca più abbondante che se non l'avessero legato. Accadrebbe proprio il contrario che se la legatura fosse al di sotto, tra la mano e il punto di incisione, o anche se fosse al di sopra e molto stretta. È chiaro infatti che la legatura poco stretta può impedire al sangue che è nel braccio di tornare al cuore attraverso le vene, ma non che continui ad arrivarne di nuovo alle arterie, perché sono poste sotto le vene, e hanno un tessuto più duro, meno facile da comprimere; e anche perché il sangue che viene dal cuore tende attraverso le arterie ad andare attraverso la mano con una forza maggiore di quella che ha quando torna di là al cuore, nelle vene. E poiché il sangue esce dal braccio attraverso l'incisione fatta in una vena, ci deve essere necessariamente qualche passaggio al di sotto dei legacci, e cioè verso le estremità dell'arto, attraverso cui possa arrivare dalle arterie. Inoltre, egli prova molto bene quel che dice della circolazione del sangue con certe piccole pellicole disposte in diversi punti lungo le vene in modo da non permettergli il passaggio dal centro del corpo alle estremità, ma solo di tornare dalla periferia al cuore; e ancora, con l'esperienza che ci insegna come tutto il sangue contenuto nel corpo possa fuoriuscire in pochissimo tempo da una sola arteria, quand'è recisa, anche se fosse legata strettamente e vicinissimo al cuore, e tagliata tra questo e il legaccio, in modo che non si possa immaginare che il sangue che ne esce venga da una parte diversa.
Ma ci sono molti altri fatti che confermano che la vera causa del movimento del sangue è quella da me indicata. Come, in primo luogo, la differenza che si nota da quello che esce dalle vene e quello che esce dalle arterie, e che non può dipendere se non da questo, che essendosi rarefatto

passando per il cuore e quasi distillato, è più sottile, più vivo e più caldo subito dopo esserne uscito, cioè quando è nelle arterie, che non poco prima di entrarvi, ossia quando è nelle vene; se si fa attenzione si osserverà che questa differenza è più visibile vicino al cuore e meno nei punti più distanti. La durezza dei tessuti di cui sono composte la vena arteriosa e la grande arteria mostra poi a sufficienza che il sangue batte con maggior forza qui che non nelle vene. E perché mai la cavità sinistra del cuore e la grande arteria sarebbero più ampie e più larghe di quella destra, e della vena arteriosa, se non fosse che il sangue dell'arteria venosa, essendo stato solo nei polmoni dopo essere passato dal cuore, è più sottile e si rarefà di più e più facilmente di quello che viene immediatamente dalla vena cava? E che cosa potrebbero mai capire i medici quando sentono il polso, se non sapessero che, secondo che muti la sua natura, il sangue può rarefarsi per il calore del cuore più o meno fortemente e più o meno in fretta di prima? Se poi si cerca come questo calore si comunichi alle altre membra, non si deve forse ammettere che avviene per mezzo del sangue che passando attraverso il cuore si riscalda e di qui si espande in tutto il corpo? Per questo, se si toglie il sangue da una parte, se ne toglie anche il calore; e anche se il cuore ardesse come ferro rovente, non basterebbe a scaldare le mani e i piedi, come fa, se non vi mandasse in continuazione nuovo sangue. Inoltre, si comprende da ciò che la vera funzione della respirazione è di portare nei polmoni tanta aria fresca da consentire al sangue che viene dalla cavità destra del cuore, dove si è rarefatto e quasi trasformato in vapore, di ispessirsi e convertirsi di nuovo in sangue prima di rifluire nella cavità di sinistra; senza di che non sarebbe adatto ad alimentare il fuoco che vi si trova. Il che è confermato dall'osservazione che gli animali privi di polmoni hanno nel cuore una sola cavità, e che i bambini non possono servirsene mentre sono rinchiusi nel ventre materno hanno una apertura attraverso la quale il sangue va dalla vena cava nella cavità sinistra del cuore, e un condotto attraverso il quale dalla vena arteriosa viene nella grande arteria, senza passare dal polmone. E poi, come avverrebbe la digestione nello stomaco, se il cuore non vi mandasse calore attraverso le arterie e insieme alcune delle parti più fluide del sangue che aiutano a sciogliere il cibo digerito? Ancora, l'azione che trasforma il succo di questi cibi in sangue, non si comprende forse facilmente se si considera che, passando e ripassando per il cuore, si distilla forse più di cento o duecento volte al giorno? Non occorre dire altro, allora, per spiegare la nutrizione e la produzione dei diversi umori del corpo, se non che la forza con cui il sangue rarefacendosi passa dal cuore verso le estremità delle arterie fa sì che alcune delle sue parti si arrestino fra quelle delle membra in cui si trovano, prendendovi il posto di altre parti di sangue che di lì espellono; e che secondo la posizione, la figura o la piccolezza dei pori in cui si imbattono, solo alcune vanno a finire in certi luoghi, come ognuno può aver visto con i setacci diversamente forati che servono a separare gli uni dagli altri grani diversi. Infine, il fatto più notevole in tutto questo è la generazione degli spiriti animali, che sono come un vento sottilissimo, o piuttosto come una fiamma molto pura e molto viva che, salendo in continuazione e in grande abbondanza dal cuore al cervello, va a finire di là, attraverso i nervi, nei muscoli, e dà movimento a tutte le membra. E non c'è bisogno di immaginare un altra causa che faccia muovere le parti del sangue più agitate e penetranti, e quindi più adatte a formare questi spiriti, verso il cervello piuttosto che in una direzione diversa, se non che le arterie che le trasportano sono quelle che vengono più direttamente dal cuore, e secondo le leggi della meccanica, che sono le stesse leggi della natura, quando molte cose tendono insieme a muoversi verso una stessa parte dove non c'è abbastanza posto per tutte, come accade alle parti del sangue che uscendo dalla cavità sinistra del cuore vanno verso il cervello, le più deboli e meno mobili sono deviate dalle più forti, che così vi giungono sole.

Tutte queste cose le avevo spiegate con molti particolari

nel trattato che mi proponevo allora di pubblicare. Di seguito avevo mostrato quale dev'essere la struttura dei nervi e dei muscoli del corpo umano per far sì che gli spiriti animali, standovi dentro, abbiano la forza di muovere le sue membra: come si vede nelle teste da poco tagliate che ancora si muovono e mordon la terra, benché inanimate. Inoltre, quali mutamenti devono avvenire nel cervello per causare la veglia, il sonno, i sogni; e come la luce, i suoni, gli odori, i sapori, il caldo e tutte le altre qualità degli oggetti esterni possano imprimervi idee diverse attraverso i sensi; e la fame, la sete e le altre passioni interne possano inviarvi altresì le loro; quale sua parte si debba intendere come senso comune che accoglie quelle idee; come memoria che le conserva; e come immaginazione, che può mutarle in diverse maniere e forgiarne di nuove, e con lo stesso mezzo, distribuendo gli spiriti animali nei muscoli, può far muovere le membra di quel corpo imprimendo in esso, sia in rapporto agli oggetti che si presentano ai sensi, sia in rapporto alle passioni interne, tutti quei movimenti di cui le nostre membra sono capaci senza intervento della volontà. Il che non sembrerà per nulla strano a coloro che sapendo quanti diversi automi, o macchine semoventi, può costruire l'industria umana, e con pochissimi pezzi, in confronto alla grande quantità di ossa, muscoli, nervi, arterie, vene e tutte le altre parti che sono nel corpo di ogni animale, considereranno questo corpo come una macchina fatta dalle mani di Dio e quindi ordinata incomparabilmente meglio e capace di movimenti più meravigliosi di qualunque altra gli uomini possano inventare.

Qui in particolare mi ero fermato per far vedere che se ci fossero macchine con organi e forma di scimmia o di qualche altro animale privo di ragione, non avremmo nessun mezzo per accorgerci che non sono in tutto uguali a questi animali; mentre se ce ne fossero di somiglianti ai nostri corpi e capaci di imitare le nostre azioni per quanto è di fatto possibile, ci resterebbero sempre due mezzi sicurissimi per riconoscere che, non per questo, sono uomini veri. In primo luogo, non potrebbero mai usare parole o altri segni combinandoli come facciamo noi per comunicare agli altri i nostri pensieri. Perché si può ben concepire che una macchina sia fatta in modo tale da proferire parole, e ne proferisca anzi in relazione a movimenti corporei che provochino qualche cambiamento nei suoi organi; che chieda, ad esempio, che cosa si vuole da lei se la si tocca in qualche punto, o se si tocca in un altro gridi che le si fa male e così via; ma non si può immaginare che possa combinarle in modi diversi per rispondere al senso di tutto quel che si dice in sua presenza, come possono fare gli uomini, anche i più ottusi. L'altro criterio è che quando pure facessero molte cose altrettanto bene o forse meglio di qualcuno di noi, fallirebbero inevitabilmente in altre, e si scoprirebbe così che agiscono non in quanto conoscono, ma soltanto per la disposizione degli organi. Infatti mentre la ragione è uno strumento universale, che può servire in ogni possibile occasione, quegli organi hanno bisogno di una particolare disposizione per ogni azione particolare; ed è praticamente impossibile che in una macchina ce ne siano a sufficienza per consentirle di agire in tutte le circostanze della vita, come ce lo consente la nostra ragione.

Ora, con questi due criteri si può conoscere anche la differenza che c'è tra gli uomini e i bruti. È assai noto che non c'è uomo tanto ebete e stupido, neppure un pazzo, che non sia capace di mettere insieme diverse parole e farne un discorso per comunicare il suo pensiero; e che al contrario non c'è altro animale, per quanto perfetto e felicemente creato, che possa fare lo stesso. Questo avviene non per mancanza di organi, perché gazze e pappagalli sono in grado di articolare parole come noi, e tuttavia non possono parlare come noi, mostrare cioè che pensano quel che dicono; mentre chi è nato sordo e muto, privato perciò come e più delle bestie degli organi che servono a parlare, suole inventare da sé segni con i quali si fa intendere da chi, standogli solitamente vicino, può apprendere facilmente il suo linguaggio. E questo non dimostra soltanto che gli animali sono meno ragionevoli degli uomini, ma che non lo sono per nulla. Perché vediamo che di ragione, per essere capaci di parlare, ce ne vuole assai poca; e poiché si osservano tra gli animali di una medesima specie disuguaglianze, come ce ne sono anche tra gli uomini, e si nota che alcuni si possono ammaestrare meglio di altri, sarebbe incredibile che una scimmia o un pappagallo che fossero tra i migliori della loro specie non eguagliassero in questo un bambino dei più stupidi o almeno uno che abbia il cervello leso, se non avessero un anima di natura affatto diversa dalla nostra. Né si devono confondere le parole con i moti naturali che rivelano le passioni, e possono essere imitati dalle macchine tanto bene quanto dagli animali; o pensare, come qualcuno nell'antichità che le bestie parlino anche se non ne intendiamo il linguaggio: se fosse vero, dal momento che molti dei loro organi corrispondono ai nostri, potrebbero farsi intendere tanto bene da noi quanto dai loro simili. Ed è ancora assai notevole il fatto che, sebbene molti animali mostrino in qualche loro azione un abilità maggiore della nostra, non ne rivelino tuttavia nessuna in molte altre, per cui quel che fanno meglio non prova che abbiano un intelligenza, giacché se così fosse ne avrebbero più di chiunque fra noi e riuscirebbero meglio in ogni cosa; prova piuttosto che non ne hanno affatto, e che ciò che agisce in essi è la natura, in virtù della disposizione dei loro organi: così come un orologio, fatto solo di ruote e di molle, può contare le ore e misurare il tempo con maggiore precisione di quanto possiamo noi con tutto il nostro senno.

Avevo descritto, dopo di ciò, l'anima razionale, e mostrato che non può in nessun modo essere tratta dalla potenza della materia, come le altre cose di cui avevo parlato, ma deve essere creata appositamente, e che non basta che sia collocata nel corpo umano come il pilota della nave, se non forse per muovere le membra, ma è necessario che sia congiunta ad esso e unita più strettamente perché si abbiano, in più, sentimenti e appetiti simili ai nostri, e ne risulti così un uomo vero. Del resto, mi sono soffermato un poco su questo argomento perché è dei più importanti; infatti, subito dopo l'errore di chi nega Dio, errore che ritengo di avere confutato a sufficienza, non c'è un altro che allontani maggiormente gli spiriti deboli dalla retta via della virtù, che l'immaginare che l'anima dei bruti abbia la stessa natura della nostra, e che pertanto non abbiamo nulla da temere né da sperare dopo questa vita, proprio come le mosche e le formiche; mentre quando si conosce quanta differenza ci sia si capiscono molto meglio le ragioni che provano che la nostra è di una natura indipendente dal corpo, e dunque non è destinata a morire con esso; e dal momento che non si vedono altre cause che possano distruggerla, si è portati naturalmente a giudicarla immortale.

VI. LE COSE RICHIESTE PER ANDARE PIÙ AVANTI NELLO STUDIO DELLA NATURA

Sono passati tre anni da quando, arrivato alla fine del trattato che contiene tutte queste cose, e mentre mi accingevo a rivederlo per metterlo nelle mani di un tipografo, venni a sapere che persone alle quali mi inchino e la cui autorità non ha sulle mie azioni un peso minore di quello che la mia ragione ha sui miei pensieri, avevano disapprovato un'opinione di fisica pubblicata qualche tempo prima da un altro e dalla quale non dirò che la condividessi, ma solo che non vi avevo trovato nulla, prima della loro censura, che potessi immaginare pregiudizievole alla religione o allo Stato, e dunque nulla che mi avrebbe impedito di sostenerla, se la ragione me ne avesse convinto; e il fatto mi fece temere che se ne potesse trovare qualcuna delle mie in cui avessi errato, nonostante la grande cura che ho sempre avuto di non accoglierne di nuove, senza averne certissime dimostrazioni, e di non enunciarne che potessero risultare dannose a qualcuno. Tanto bastò perché cambiassi la prima decisione che avevo presa di pubblicarle. Sebbene infatti fossero assai forti le ragioni della prima decisione, l'inclinazione che mi ha fatto sempre odiare il mestiere di far libri me ne fece trovare tante altre per dispensarmene. I motivi in un senso o nell'altro sono tali che non solo ho io qui qualche interesse a dirli, ma forse anche il pubblico ad ascoltarli.

Non ho mai tenuto in gran conto i parti del mio ingegno, e finché non ho raccolto dal metodo di cui mi servo altri frutti che qualche soddisfazione a proposito di alcune difficoltà delle scienze speculative, oppure l'aver tentato di regolare i miei costumi secondo le norme che mi prescriveva, non ho mai considerato un obbligo di scriverne. Giacché, riguardo ai costumi, ognuno abbonda a tal punto di senno che ci sarebbero così tanti riformatori quante sono le teste se non fosse consentito soltanto a quelli che Dio ha fatto sovrani dei suoi popoli, o ha riempito di grazia e di zelo profetico, di intraprendervi qualche mutamento; e sebbene le mie speculazioni mi piacessero molto, credevo che pure gli altri ne avessero che a loro forse piacevano anche di più. Ma non appena ebbi acquistato alcune nozioni generali di fisica, e cominciando a saggiarle in qualche problema particolare, compresi fino a qual punto potevano condurre e quanto differito dai princìpi di cui ci si è serviti finora, ritenni che non potevo tenerle nascoste senza peccare gravemente contro la norma che ci obbliga a favorire per quanto possiamo il bene generale di tutti gli uomini. Giacché esse mi hanno fatto vedere che è possibile arrivare a conoscenze molto utili alla vita, e che in luogo della filosofia speculativa che si insegna nelle Scuole, se ne può trovare una pratica, in virtù della quale, conoscendo la forza e le azioni del fuoco, dell'acqua, dell'aria, degli astri e dei cieli e di tutti gli altri corpi che ci circondano così distintamente come conosciamo le diverse tecniche degli artigiani, potremo parimenti impiegarle in tutti gli usi a cui sono adatte, e renderci quasi signori e padroni della natura. Il che non soltanto è desiderabile per inventare una infinità di macchine che ci consentirebbero di godere senza alcuna fatica dei frutti della terra e di tutti gli altri beni che vi si trovano, ma anche e in primo luogo di conservare la salute, che è senza dubbio il primo di questi beni e il fondamento di tutti gli altri in questa vita; perché anche lo spirito dipende a tal punto dal temperamento e dalla disposizione degli organi corporei, che se è possibile trovare qualche mezzo che renda in generale gli uomini più saggi e più abili di quanto siano stati fin qui, è proprio nella medicina, credo, che si deve cercarlo. È vero che quella che si pratica ora contiene poche cose di cui si possa davvero indicare l'utilità; ma senza volerla disprezzare, son certo che non c'è nessuno, neppure tra quelli che la esercitano, che non confessi che tutto quel che in essa si sa si riduce quasi a nulla in confronto di quel che resta da sapere, e che potremo liberarci da una infinità di malattie, sia del corpo che dello spirito, e forse anche dalla decadenza della vecchiaia, se ne conoscessimo a sufficienza le cause, e tutti i rimedi di cui la natura ci ha provvisto. Ora, essendomi proposto di impiegare tutta la mia vita nella ricerca di una scienza così necessaria, e avendo scoperto una strada lungo la quale mi sembra che si debba senz'altro trovarla, a meno di non esserne impediti o dalla brevità della vita o dal difetto di esperienze, giudicai che non ci fosse miglior rimedio contro questi due ostacoli che quello di comunicare fedelmente al pubblico tutto il poco che avrei scoperto, e di invitare gli uomini di ingegno a sforzarsi di andare avanti contribuendo ciascuno secondo l'inclinazione e le capacità sue agli esperimenti necessari, e comunicando anche loro al pubblico tutto quel che avrebbero appreso, affinché, partendo gli ultimi dal punto di arrivo di chi li precedeva, e unendosi così le vite e il lavoro di molti, andassimo tutti insieme molto più avanti di quanto ciascuno avrebbe potuto da solo.

Notai anzi, a proposito delle esperienze, che sono tanto più necessarie tanto più si è avanti nella conoscenza. All'inizio è meglio servirsi soltanto di quelle che si presentano da sé ai nostri sensi e che facendo un po' di attenzione non possiamo ignorare, piuttosto che ricercarne di più rare e artificiose; perché le più rare ingannano spesso, quando non si conoscono ancora le cause delle più comuni, e perché le circostanze da cui dipendono sono quasi sempre così particolari e minime che è assai difficile notarle. Ma l'ordine che ho seguito qui è il seguente. Ho cercato come prima cosa di trovare in generale i princìpi o cause prime di tutto ciò che è o può essere al mondo, considerando per questo soltanto Dio che l'ha creato, e ricavandoli solo da certi semi di verità che sono naturalmente nella nostra anima. In seguito ho cercato quali fossero gli effetti primi e più ordinari che era possibile dedurre da queste cause: e mi sembra di aver trovato così cieli, astri, una terra e, su questa, acqua, aria, fuoco, minerali e altre cose simili, che sono le più comuni e le più semplici e dunque le più facili a conoscersi. Poi quando ho voluto discendere a quelle più particolari, se ne sono presentate tante così diverse che l'ingegno umano mi è sembrato incapace di distinguere le forme o specie che sono sulla terra dalle infinite altre che avrebbero potuto esserci, se Dio avesse voluto mettercele, e di conseguenza anche incapace di rendercele utili, a meno di non andare dagli effetti alle cause, servendosi anche di esperienze particolari. In seguito, richiamando alla mente tutti gli oggetti che si erano presentati ai miei sensi, oso dire di non aver notato nulla che non potessi spiegare abbastanza facilmente mediante i princìpi che avevo trovato. Ma debbo anche confessare che la potenza della natura è così ampia e diffusa, e i princìpi così semplici e generali, che non mi accade quasi più di osservare un effetto particolare, senza vedere subito che può esserne dedotto in molti modi diversi, e la mia più grande difficoltà è di solito trovare qual è questo modo. Per riuscirvi non conosco altro mezzo che cercare di nuovo altri esperimenti, tali che il loro risultato non sia lo stesso a seconda che lo si debba spiegare nell'uno o l'altro modo. Per il resto, sono arrivato al punto di vedere molto bene, mi pare, come si deve procedere per fare quasi tutte quelle esperienze che possono servire allo scopo; ma vedo anche che sono tali e tante che non basterebbero a tutte né le mie mani né i miei averi, anche se fossero moltiplicati per mille; sicché i progressi maggiori o minori che riuscirò a fare nella conoscenza della natura dipenderanno d'ora in poi dai mezzi che avrò di farne di più o di meno. Questo mi ripromettevo di far conoscere col trattato che avevo scritto, e anche di mostrare con tanta chiarezza l'utilità che il pubblico ne avrebbe ricevuto, da obbligare coloro che desiderano il bene comune degli uomini, e cioè quanti sono virtuosi realmente e non solo secondo l'apparenza o l'opinione, sia a comunicarmi le esperienze già fatte, sia ad aiutarmi nella ricerca di quelle che restano da fare.

Ma da allora altri argomenti mi indussero a cambiare opinione, e a pensare che dovevo certamente continuare a scrivere tutto quello che giudicavo di qualche importanza man mano che ne scoprivo la verità, e farlo con la stessa attenzione che se volessi pubblicarlo. E questo, in primo luogo, per avere così un altra occasione di esaminare le cose con cura, giacché indubbiamente si sta più attenti a quel che si pensa debba essere visto da molti, che a quel che si fa solo per sé; e spesso cose che mi erano sembrate vere quando avevo cominciato a pensarle, mi apparvero false quando volli metterle su carta. In secondo luogo per non perdere nessuna occasione di essere utile al pubblico, se ne sono capace, e perché dei miei scritti, se valgono qualcosa, possano fare l'uso più appropriato quelli che ne verranno in possesso dopo la mia morte. Ma pensavo che non dovevo assolutamente permetterne la pubblicazione finché ero in vita perché né le opposizioni e controversie a cui sarebbero forse esposti, né la fama, qualunque essa fosse, che mi avrebbero acquistato, mi facessero perdere il tempo che voglio impiegare a istruirmi. Se è vero, infatti, che ognuno ha l'obbligo di favorire, per quanto gli è possibile, il bene altrui, e che non essere utile a nessuno significa proprio non valere nulla, è vero anche che le nostre preoccupazioni debbono estendersi più in là del presente, e che è bene tralasciare cose che potrebbero forse arrecare qualche vantaggio ai viventi, quando se ne vogliono fare altre che ne procurino di maggiori alla posterità. Non voglio nascondere, infatti, che il poco che ho appreso fin qui è quasi nulla in confronto a quello che ignoro e che non dispero di riuscire ad apprendere; perché quelli che scoprono a poco a poco la verità nelle scienze sono come chi, cominciando ad arricchirsi, non fatica tanto ora, a guadagnare molto, quanto faticava prima, quand'era più povero, a guadagnare di meno. Li si può anche paragonare ai condottieri, le cui forze aumentano di solito in ragione delle vittorie, e che per tenere le loro posizioni dopo una sconfitta hanno bisogno di un accortezza maggiore di quella richiesta per occupare città e province dopo una vittoria. Perché sforzarsi di vincere tutte le difficoltà e gli errori che ci impediscono di arrivare alla conoscenza della verità è davvero una battaglia che si perde quando accogliamo qualche falsa opinione su questioni generali e di qualche importanza; giacché per tornare al punto di prima è necessaria, dopo, un abilità molto maggiore di quella che ci vuole per avanzare di molto, quando si è in possesso di princìpi sicuri. Quanto a me, se ho già trovato qualche verità nelle scienze (e dal contenuto di questo libro spero che così si giudicherà), posso dire che ciò è soltanto il risultato o la conseguenza del superamento di cinque o sei principali difficoltà, che considero come altrettante battaglie felicemente concluse. Oso anche affermare che penso di doverne vincere anche altre due o tre simili, per compiere interamente il mio disegno; e che non sono tanto in là con gli anni da non averne ancora davanti, stando al corso ordinario della natura, quanti bastano all'impresa. Ma credo di essere tanto più obbligato a spendere con parsimonia il tempo che mi resta, quanto maggiore è la speranza di poterlo impiegare bene; e avrei senza dubbio molte occasioni di perderlo se pubblicassi i fondamenti della mia fisica. Sebbene siano, infatti, quasi tutti così evidenti, che basta soltanto intenderli per convincersene, e non ce ne sia nessuno di cui non penso di poter dare la dimostrazione, tuttavia, dal momento che è impossibile che si accordino con tutte le diverse opinioni degli altri uomini, prevedo che sarei spesso distratto dalle obiezioni che farebbero nascere.

Si dirà che queste obiezioni sarebbero utili sia a farmi conoscere i miei errori, sia a favorire negli altri, per questa via, una migliore intelligenza di quel tanto di buono che posso avere; e dal momento che molti vedono meglio di uno solo, cominciando a servirsi fin da ora delle mie, mi aiuterebbero anche con le loro scoperte. Ma benché riconosca di essere estremamente soggetto all'errore, e non mi fidi quasi mai dei primi pensieri che mi vengono, l'esperienza che ho delle obiezioni che mi si possono fare non mi consente di sperarne qualche vantaggio. Infatti ho già sperimentato più volte i giudizi sia di coloro che consideravo miei amici, sia di altri a cui pensavo di essere indifferente, come anche di alcuni che sapevo si sarebbero sforzati per malignità di mettere in luce quel che l'affetto nascondeva agli amici. Ma raramente mi è accaduto di sentirmi fare qualche obiezione che non avessi per nulla prevista, a meno che non fosse assai lontana dal mio argomento; sicché non ho mai incontrato un censore delle mie opinioni, che non mi sembrasse o meno severo o meno equo di me stesso. E non ho neppure mai notato che con le dispute che si tengono nelle Scuole si sia scoperta qualche verità che prima si ignorava; giacché quando si tratta di avere la meglio ognuno si esercita molto di più a far valere il verosimile che a pesare le ragioni dell'una e dell'altra parte; e quelli che sono stati per lungo tempo buoni avvocati non per questo diventano in seguito buoni giudici.

Quanto all'utilità che altri ricaverebbero dalla pubblicazione dei miei pensieri, non potrebbe essere, neppure questa, molto grande, tanto più che non li ho portati fino a un punto che non ci sia bisogno di aggiungervi molte altre cose prima di renderli atti all'uso. Posso dire senza vanità che se c'è qualcuno che ne è capace sono io piuttosto che un altro: non che non ci possano essere al mondo molti ingegni senza paragone migliori del mio, ma perché non si può concepire una cosa così bene né farla propria quando la si apprende da altri, come quando si scopre da sé. Questo è nel mio campo così vero che, sebbene abbia spiegato spesso qualche mia opinione a persone assai acute, che sembravano mentre parlavo capirle molto distintamente, tuttavia quando le ripetevano notavo che le avevano quasi sempre cambiate a tal punto che non potevo riconoscerle per mie. Con l'occasione voglio pregare qui i posteri di non credere mai che io sia l'autore delle cose che verranno loro riferite se non le avrò rese pubbliche io stesso. Non mi stupisco per niente delle stravaganze che si attribuiscono a tutti i filosofi antichi di cui non abbiamo gli scritti; essendo le migliori intelligenze del tempo non ritengo che i loro pensieri fossero tanto irragionevoli, ma piuttosto che ce li abbiano mal riferiti. D'altronde non si è visto quasi mai che qualcuno dei loro seguaci li superasse; sono certo che i più zelanti aristotelici di oggi si riterrebbero fortunati di avere la stessa conoscenza della natura che ebbe Aristotele, anche a costo di non saperne mai di più. Sono come l'edera, che non cerca mai di salire più su degli alberi che la sostengono, e spesso anzi ricade, quando è arrivata fino alla loro cima; come mi sembra che ricadano, e cioè si rendano in qualche modo meno sapienti che se smettessero di studiare, quelli che, non contenti di sapere tutto quello che è spiegato nel loro autore in maniera comprensibile, vogliono oltre a ciò trovarci dentro la soluzione di molte difficoltà di cui non fa cenno e alle quali forse non ha mai pensato. Eppure il loro modo di filosofare è molto comodo per quelli che hanno ingegno assai mediocre; giacché l'oscurità delle distinzioni e dei princìpi di cui si servono li rende capaci di parlare di ogni cosa con tanto ardire, come se la conoscessero, e di sostenere le proprie affermazioni contro chi è più acuto e più abile, senza che si riesca a convincerli. In questo mi sembrano simili a un cieco che, per battersi alla pari con uno che non ci vede lo fa scendere in fondo a un sotterraneo assai buio; e posso aggiungere che costoro hanno interesse a che mi astenga dal pubblicare i princìpi della filosofia di cui mi servo, perché sono molto semplici e molto evidenti, pubblicarli sarebbe come aprire qualche finestra e fare entrare la luce del giorno nel sotterraneo in cui sono discesi per battersi. Ma neanche gli ingegni migliori hanno motivo di augurarsi di coglierli; perché se vogliono parlare di tutto e acquisire la fama di dotti, ci riusciranno più facilmente accontentandosi del verosimile, che si può trovare senza grande fatica per oggetti di ogni genere, piuttosto che cercando la verità, che non si scopre se non a poco a poco e per alcune cose soltanto, e che ci impone, quando si tratta di parlare di altre, di confessare con franchezza che non ne sappiamo nulla. Se poi preferissero quello ch'è senza dubbio assai preferibile, cioè la conoscenza di poche verità alla vanità di apparire sapienti in ogni cosa, e volessero seguire un programma simile al mio, non avrebbero bisogno per questo di sentirsi dire nulla di più di quanto ho già detto in questo discorso. Se sono infatti capaci di andare più avanti di me, lo saranno anche a maggior ragione di trovare da sé quel che penso di avere scoperto. Tanto più che, avendo sempre proceduto con ordine nelle mie ricerche, è certo che quel che mi resta ancora da scoprire è di per sé più difficile e nascosto di quanto ho potuto incontrare fin qui, sicché proverebbero molto meno piacere ad apprenderlo da me che da se stessi. Si aggiunga che l'abitudine che acquisteranno cercando dapprima le cose facili, e passando via via per gradi ad altre più difficili, servirà loro più di quanto potrebbero tutti i miei insegnamenti. Così, per quel che mi riguarda, sono certo che se mi avessero insegnato fin da giovane le verità di cui ho più tardi cercato le dimostrazioni, e non avessi fatto alcuna fatica per impararle, non ne avrei forse mai appresa nessun'altra, o almeno non avrei mai acquistato l'abitudine e la facilità, che penso di avere, di trovarne sempre di nuove, quando mi applico alla loro ricerca. In una parola, se c'è al mondo una opera che non può essere compiuta così bene da nessun altro come da chi l'ha cominciata, è proprio quella a cui sto lavorando.

È vero che per le esperienze che possono occorrere un uomo solo non basterebbe a farle tutte; ma è anche vero che, oltre alle sue, non potrebbe impiegarvi altre mani che quelle di artigiani o di gente che possa pagare, e che la speranza del guadagno, mezzo assai efficace, indurrebbe a eseguire esattamente tutte le cose ordinate. Perché i volontari, che potrebbero offrirgli il loro aiuto mossi dalla curiosità o dal desiderio di imparare, oltre che di solito promettono più di quanto non facciano, e si propongono tante belle cose di cui nessuna mai riesce, pretenderebbero senz'altro di essere pagati con la soluzione di qualche problema, o almeno con complimenti e conversazioni inutili, che gli farebbero perdere tanto tempo che ci rimetterebbe. E quanto alle esperienze fatte già da altri, anche quando volessero comunicargliele, cosa che non farebbero mai quelli che le chiamano segreti, sono rese per lo più complicate da tante circostanze o ingredienti superflui, che gli sarebbe assai difficile districarne la verità; si aggiunga che le troverebbe quasi tutte spiegate così male, o addirittura falsate, perché chi le ha eseguite si è sforzato di farle apparire conformi ai suoi princìpi, che se ce ne fosse qualcuna di utile, non potrebbe neppur essa valere il tempo necessario per individuarla. Di modo che se ci fosse un uomo al mondo del quale si sa con certezza ch'è capace di scoprire le cose più grandi e più utili a tutti, e per questo gli altri cercassero con ogni mezzo di aiutarlo a realizzare i suoi progetti, non vedo cosa altro potrebbero fare per lui, se non contribuire alle spese richieste dagli esperimenti necessari, e per il resto impedire che nessuno lo importuni. Ma oltre a non presumere tanto di me da promettere cose straordinarie, e oltre al fatto che non mi compiaccio di pensieri così vani da immaginare che lo Stato debba interessarsi tanto dei miei progetti, non ho neppure l'animo così basso da accettare da chicchessia favori che si possano ritenere immeritati.

Tutte queste considerazioni messe insieme furono il motivo per cui non volli, tre anni fa rendere pubblico il trattato che avevo per le mani e decisi anzi di non farne circolare nessun altro, finché ero in vita, che fosse altrettanto generale o dal quale si potessero intendere i fondamenti della mia fisica. Ma dopo intervennero due nuove ragioni che mi indussero a dare qui alcuni saggi particolari e a rendere in parte conto al pubblico di quello che ho fatto e che intendo fare. La prima era che, se non lo avessi fatto, molti che erano al corrente della mia precedente intenzione di far stampare alcuni scritti avrebbero potuto immaginare che i motivi della rinuncia fossero meno onorevoli per me di quanto non siano. Perché sebbene non ami eccessivamente la gloria, e anzi -se posso dirlo- la detesti, in quanto la ritengo avversa alla quiete, che stimo più di ogni altra cosa, non ho mai neppure cercato di nascondere le mie azioni come se fossero delitti, né ho usato eccessive precauzioni per restare sconosciuto; giacché avrei creduto di far torto a me stesso, e poi me ne sarebbe venuta una certa inquietudine, contraria anch'essa alla perfetta tranquillità dell'animo a cui aspiro. E poiché, non avendo mai ceduto né al desiderio di essere famoso né a quello di essere ignorato, non ho potuto fare a meno di acquistare una sorta di reputazione, ho pensato che dovessi fare del mio meglio per evitare almeno che questa fosse cattiva. L'altra ragione che mi ha spinto a scrivere queste pagine è che, vedendo crescere ogni giorno di più il ritardo subito dal progetto che ho di istruirmi, a causa di una infinità di esperienze di cu ho bisogno e che non posso fare senza l'aiuto altrui, anche se non mi lusingo tanto da sperare che lo Stato partecipi molto ai miei interessi, non voglio tuttavia neppure venir meno a me stesso, e dare così motivo a coloro che mi sopravvivranno di rimproverarmi un giorno perché avrei potuto lasciare forse molte più cose e molto migliori di quelle che ho lasciato, se non avessi trascurato troppo di far conoscere in che cosa potevano contribuire ai miei progetti.

E ho pensato che mi era facile scegliere qualche argomento che, senza essere esposto a troppe controversie e senza obbligarmi a dichiarare dei miei princìpi più di quanto desidero, lasciassero vedere abbastanza chiaramente quello che posso, o non posso, nelle scienze. Non so dire se ci sono riuscito né voglio anticipare i giudizi di nessuno parlando io dei miei scritti; ma sarò ben lieto che vengano presi in esame, e perché se ne abbia maggiore opportunità, prego tutti coloro che vorranno farmi qualche obiezione di prendersi la pena di inviarla al mio libraio; quando mi avvertirà, cercherò di aggiungervi la mia risposta nello stesso tempo e così i lettori, vendendo l'una e l'altra insieme potranno più facilmente giudicare dove sta la verità. Prometto infatti di non dilungarmi mai nelle risposte, ma solo di riconoscere con grande franchezza i miei errori quando li vedrò, oppure, se non riesco a vederli, di dire semplicemente quel che credo necessario per difendere quanto ho scritto, senza aggiungere la spiegazione di qualche nuova materia, per non trovarmi costretto a passare da una all'altra all'infinito.

E se alcune cose di cui ho parlato all'inizio della *Diottrica* e delle *Meteore* colpiranno a prima vista perché le chiamo ipotesi e mostro di non volerle provare, chiedo che si abbia la pazienza di leggere tutto il saggio con attenzione, e credo che si finirà col trovarsi soddisfatti. Perché mi sembra che le ragioni si seguano l'una all'altra in modo tale che come le ultime vengono dimostrate dalle prime che ne sono le cause, così le prime vengono reciprocamente dimostrate dalle ultime, che ne sono gli effetti. Non si deve pensare che ho commesso qui l'errore che i logici chiamano circolo; infatti poiché l'esperienza rende per lo più certissimi questi effetti, le cause da cui li deduco non servono tanto a provarli quanto a spiegarli; e al contrario sono quelle che vengono provate da questi. E le ho chiamate ipotesi solo perché si sappia che penso di poterle dedurre da quelle prime verità che ho esposto sopra, ma che non ho voluto farlo di proposito, per evitare che certe teste che si figurano di poter imparare in un giorno, appena ne hanno sentito due o tre parole, tutto quello che un altro ha pensato in venti anni, e che sono tanto più soggette all'errore e tanto meno capaci di arrivare alla verità quanto più sono acute e vivaci, colgano qui l'occasione per costruire su quelli che immaginano essere i miei princìpi qualche filosofia stravagante della quale mi si possa far colpa. Giacché per le opinioni che sono proprio mie, non ho bisogno di giustificarle come se fossero nuove, perché son certo che, al considerarne bene le ragioni, risulteranno tanto semplici e conformi al senso comune da sembrare meno straordinarie e strane di qualunque altra che si possa avere sugli stessi argomenti. E neppure mi vanto di essere stato il primo inventore di qualcuna di esse, bensì di non averne mai accolta nessuna per il semplice fatto che fosse o anche che non fosse insegnata da altri, ma solo perché me ne aveva persuaso la ragione.

Se gli artigiani non possono dare subito esecuzione all'invenzione spiegata nella *Diottrica*, non credo che si possa dirla per questo cattiva; per costruire e mettere a punto la macchina che ho descritto, in modo che non vi manchi nessun particolare, sono necessari abilità e esercizio, sicché, se vi riuscissero al primo tentativo, non mi stupirei di meno che se qualcuno potesse in un giorno solo, imparare a suonare in modo eccellente il liuto, per il solo fatto che gli è stata data una buona partitura. E se scrivo in francese, che è la lingua della mia terra, piuttosto che in latino, che è quella dei miei precettori, è perché spero che quanti si servono della loro ragione naturale pura e semplice giudicheranno meglio delle mie opinioni di quelli che credono soltanto ai libri degli antichi. Quelli poi che al buon senso uniscono lo studio, e che mi auguro di avere come soli giudici, non saranno, ne sono certo, tanto partigiani del latino da rifiutarsi di intendere le mie ragioni perché le spiego in volgare.

Per il resto, non voglio dir nulla, qui, nei particolari, dei progressi che spero di fare in futuro nelle scienze, né impegnarmi pubblicamente con promesse che non sono sicuro di mantenere; dirò soltanto che ho deciso di impiegare unicamente il resto della mia vita nello sforzo di acquistare qualche conoscenza della natura, da cui possano trarre per la medicina precetti più sicuri di quelli avuti fin qui; e che la mia natura mi tiene tanto lontano da ogni disegno di altro genere, soprattutto da quelli che non potrebbero giovare ad alcuni senza arrecare danno ad altri, che se qualche caso mi costringesse a impegnarmi in essi, non sarei, credo, capace di riuscirci. Faccio qui una dichiarazione che, lo so bene, non può servire a procurarmi considerazione nel mondo, ma non ne ho neppure nessuna voglia; e mi riterrò più obbligato, sempre, verso quelli che mi consentiranno col loro favore di godere senza impedimenti del mio tempo, di quanto lo sarei verso chi mi offrisse le cariche più onorevoli della terra.

FINE.

Lightning Source UK Ltd.
Milton Keynes UK
UKHW020753220520
363646UK00003B/486

9 780368 987304